乡村生产生活热点解答系列

农村社会保障你问我答

NONGCUN SHEHUI BAOZHANG NIWEN WODA

陈跃雪　编著

中国科学技术出版社

·北　京·

图书在版编目（CIP）数据

农村社会保障你问我答 / 陈跃雪编著. —北京：中国科学技术出版社，2018.7

ISBN 978-7-5046-7950-5

Ⅰ. ①农… Ⅱ. ①陈… Ⅲ. ①农村－社会保障－中国－问题解答 Ⅳ. ① F323.89-44

中国版本图书馆 CIP 数据核字（2018）第 147581 号

策划编辑　张　金
责任编辑　乌日娜
装帧设计　中文天地
责任校对　焦　宁
责任印制　徐　飞

出　　版　中国科学技术出版社
发　　行　中国科学技术出版社发行部
地　　址　北京市海淀区中关村南大街 16 号
邮　　编　100081
发行电话　010-62173865
传　　真　010-62173081
网　　址　http://www.cspbooks.com.cn

开　　本　889mm × 1194mm　1/32
字　　数　65 千字
印　　张　2.75
版　　次　2018 年 7 月第 1 版
印　　次　2018 年 7 月第 1 次印刷
印　　刷　北京盛通印刷股份有限公司
书　　号　ISBN 978-7-5046-7950-5 / F · 869
定　　价　14.00 元

前　言

农村社会保障，主要包括农村养老保险与农村医疗保险，是由政府组织引导，采取社会统筹和个人账户相结合的制度模式，采取个人缴费、集体补助、政府补贴相结合的筹资方式，以保障农民年老后基本生活的一种养老保障政策。

党的十一届三中全会做出了实施改革开放的决策，启动了农村改革的新进程，使全国的工作重点转移到经济建设上来，40 年的改革开放从农村家庭联产承包责任制做起。农村家庭联产承包责任制的推行，直接影响了计划经济时代依托在集体经济基础之上的农村社会保障。农村家庭联产承包的实施使农村居民的社会保障也向家庭内聚集。农村居民的生活风险持续增长，自 20 世纪 80 年代中期开始，政府有关部门便开始在农村开展相应的社会保障改革试点。

社会保障是国家的一项基本社会经济制度，是社会安定的重要保障，是社会文明进步的重要标志。我国已逐渐进入老龄化社会，截至 2016 年底，我国 60 岁及以上的老龄人口已经超过 2.3 亿，其中 65% 左右的老人生活在农村，有将近 4 000 万人是失能、半失能老人。据有关部门预测，到 2035 年我国老年人口将达 4 亿，失能、半失能老人的数量会进一步增多，实现“老有所养”是广大人民群众的热切期盼，也是社会保障的重要目标。

我国农村社会保障制度的建设和改革经历了老农保、地方新农保、新农保、现行的全国统一的城乡居民基本养老保险四个发展阶段。

本书主要对农村养老保险制度、新型农村合作医疗制度、农村社会保障的相关法律法规用问答的形式简明介绍。

由于时间紧、编写经验不足，加之笔者水平有限，书中不足之处在所难免，恳请同行及广大读者提出宝贵建议，以便再版时充实完善。

陈跃雪

目录 | Contents

四、新型农村合作医疗 27

五、社会保障卡 45

附录 北京市通州区 2017 年度新型农村合作医疗制度管理办法实施细则 65

参考文献 77

老农保和地方新农保

Q1 什么是老农保?

1992 年 1 月，民政部制定下发了《县级农村社会养老保险基本方案（试行）》，标志着全国统一的农村社会养老保险制度（“老农保”）的建立。

Q2 老农保怎样运作?

根据《县级农村社会养老保险基本方案（试行）》，老农保采用完全基金积累制的个人账户模式，基金筹集方式为“个人缴纳为主，集体补助为辅，国家予以政策扶持”。其中，个人缴纳部分占比一般不得低于保险费的 50%，集体补助主要从乡镇企业利润中支出，个人缴费和集体补助全部记在个人名下。个人缴费标准实行每月 2 ~ 20 元共 10 个档次，由参保人自主选择。基金实行县级统筹管理，只允许购买国债和存入银行，不能直接用于投资。个人账户基金积累期实行分段计息，参保人满 60 周岁后，根据其个人账户基金积累本息和平均余命确定养老金发放标准。到 1997 年年底，老农保制度的覆盖范围和参保人数曾达到了阶段性的顶峰。

Q3 20 世纪 80 ~ 90 年代农村社会保障改革的主要内容有哪些?

这一时期农村社会保障改革主要集中在农村五保供养制度、农村救灾保险、农民养老保险、农村合作医疗、农村其他社会保障试验。除上述几个方面外，在一些农村地区曾出现过建立农村老年人集体福利设施、兴建农村幼儿园、为农村子女教育提供补贴等其他社会保障试验，为建立新型农村社会保障体系起到了一定的先行试验作用。

Q4 老农保的局限性主要有哪些？

老农保对保障农民基本养老生活、促进农村经济发展、维护农村社会稳定曾发挥过重要的作用，但是由于政府责任缺位、集体补助难以落实，以致最终成为农民个人养老储蓄。加之其存在着统筹层次低、覆盖面小、保障水平低、基金管理不规范、保值增值困难等制度障碍，该项制度最终难以为继。1999 年，国务院要求对老农保进行清理整顿，停止接受新业务。

Q5 什么是地方新农保？

2002 年 11 月，党的十六大明确提出“在有条件的地方探索建立农村社会养老保险制度”，主要是由各级地方政府根据自身的实际情况开展，这标志着农村社会养老保险工作进入一个创新发展的新阶段。自 2004 年以来，先后已有 400 多个县（市、区）开展了有地方财政补贴的农村社会养老保险（以下简称“地方新农保”）制度试点。各地开展的地方新农保制度明确了政府和集体在农民养老问题上的财政责任，较老农保制度有较大的进步，但在统筹层次上，大部分地区的地方新农保基金管理仍然实行县级统筹。

Q6 地方新农保的局限性主要有哪些?

作为探索性的制度建设，国家并没有出台统一的指导意见对地方新农保进行规范，导致各地地方新农保制度差异较大，如缴费基数、个人缴费、集体补助和政府补贴比例、补贴方式、基金统筹层次、养老金计发办法、领取标准等均存在不同，甚至在参保范围的规定上也不相同，“碎片化”现象严重。

新型农村社会养老保险

二

Q1 什么是新农保？

新型农村社会养老保险简称“新农保”，主要包括农村养老保险与农村医疗保险，是由政府组织引导，采取个人缴费、集体补助、政府补贴相结合的筹资方式，以保障农民年老后基本生活的一种养老保险政策，是国家社会保险体系的重要组成部分。

2009 年 1 月 1 日，国务院印发了《关于开展新型农村社会养老保险试点的指导意见》(以下简称《指导意见》)，标志着全国新农保试点工作正式启动。此后，新农保进入了逐步扩大试点的新时期。养老待遇采取社会统筹与个人账户相结合，与家庭养老、土地保障、社会救助等其他社会保障政策措施相配套，同时国家为每个新农保参保人建立终身记录的养老保险个人账户。个人缴费、集体补助、地方政府对参保人的补贴，以及其他经济组织、社会公益组织、个人对参保人的资助，全部记入个人账户。个人账户储蓄每年参考中国人民银行公布的金融机构人民币 1 年期存款利率计息。

Q2 新农保和老农保的主要区别是什么？

①过去的老农保主要是由农民自己缴费，实际上是自我储蓄的模式。而新农保与老农保的最大区别就是新农保是个人缴费、集体补助和政府补贴相结合，有 3 个筹资渠道。特别是中央财政对地方进行补助，这个补助又是直接补贴到农民的账户上。它是继取消农业税、农业直补、新型农村合作医疗等一系列惠农政策

之后的又一项重大的惠农政策。

②老农保主要是建立农民的账户，新农保在支付结构上的设计有两部分：一部分是基础养老金，另一部分是个人账户的养老金。基础养老金是由国家财政全部保证支付，农民 60 周岁以后都将享受到国家普惠式的养老金。换句话说，满 60 周岁以上的农村居民个人不再缴费，直接享受中央财政补助的基础养老金，但其符合参保条件的子女应当参保缴费。

Q3 建立新农保的意义是什么？

新型农村社会养老保险制度是惠及民生的重大举措，是加快建立覆盖城乡居民社会保障体系的重要组成部分，使“老有所养”的目标得以进一步实现，有利于农民生活水平的提高。

（1）有利于保障农民基本生活，实现农民基本权利 新农保按照基础养老金与个人账户养老金相结合的原则，并由中央或地方政府对基础养老金给予全额补贴，在农民 60 周岁时每月至少可以领取 55 元的基础养老金；按照渐进原则，逐步提高农民待遇水平。这在一定程度上减轻了子女的经济负担，增加了农民的消费能力，为农民老年生活提供了一定程度的社会保障。

（2）有利于缩小城乡之间的社会保障水平差距 我国以前长期实施工农业产品价格“剪刀差”，按照农村支持城市的发展策略，城市居民拥有包括养老、医疗等较全面的社会保障体系，而农村居民在此方面的保障极低或处于空缺状态的现实更加大了城乡差距，使城乡经济二元化结构的鸿沟加深。我国对农民推行普惠制的“新农合”，有助于缩小城乡之间的社会保障水平差距，有助于将来实现城乡统一保障体系，从而有助于加快农村劳动力的正常流动，扩大农民的就业渠道，增加非农收入，确保农民基本生活，推动农村减贫，对维护农村社会稳定意义重大。

（3）有利于促进消费，推动社会和谐发展　生活在农村的农民生活需求潜力巨大，但由于他们的社会保障水平低，对未来的养老、医疗、教育等预期支出大，有钱也不敢花。新农保的普惠养老保障政策的实施，降低了农民对未来养老的担忧，对改善心理预期、推动社会和谐、促进消费、拉动内需具有重要意义。

Q4 哪些人员可以参加新农保？

年满 16 周岁（不含在校学生）、未参加城镇职工基本养老保险的农村居民，可以在户籍地自愿参加新农保。原已参加其他农村社会养老保险的人员，逐步过渡到新农保，属于新农保的参保人员范围。

Q5 新农保的基金筹集方式有哪些？

新农保基金由个人缴费、集体补助、政府补贴构成。

（1）个人缴费　参保农民作为新农保的投保人与受益人，理应成为缴费主体，这种制度设计符合“谁投保、谁收益”的养老保险理念。参加新农保的农民应当按规定缴纳养老保险费。缴费标准设为每年 100 元、200 元、300 元、400 元、500 元 5 个档次，地方可以根据实际情况增设缴费档次。参保人自主选择档次缴费，多缴多得。国家依据农民人均纯收入增长等情况适时调整缴费档次。

各地实际执行中关于农民个人缴费标准的设定主要有 4 类：一是大部分地区都按国家规定的 5 个档次进行缴费，包括河北省等 19 个省（自治区、直辖市）。二是在国家标准的基础上，允许下属市、县增设缴费档次，但最高不超过 1 000 元，如山西省和黑龙江省。三是根据本地情况自行规定缴费档次个数和标准，例如，上海市规定 5 档，最高档 1 300 元 / 年；江苏省规定 6 档，最高档 600 元 / 年；福建省规定 12 档，最高档 1 200 元 / 年；海南省规定 7 档，最高档 1 000 元 / 年；重庆市规定 4 档，最高档 900 元 / 年；贵州省规定 8 档，最高档 800 元 / 年。四是根据当地农民人均纯收入调整缴费标准，例如，北京市的最低缴费标准为本区（县）上一年度农民人均纯收入的 10%，最低缴费标准以上部分由参保人员根据承受能力自愿选择。参保农民可以在本地设定的档次内自主选择，缴费收入全部计入参保农民个人账户，所以农民是多缴多得。

（2）集体补助　按照法律规定，乡、村集体经济属于乡、村社区内的全体农民所有，乡、村的有关机构（乡镇政府、村民委员会）作为集体资产的代理人行使财产权利，管理集体财产，但所有者依然是社区内的所有农民，因此有条件的集体经济为农民参保提供补助是有理论依据的。有条件的村集体应当对参保人缴费给予补助，补助标准由村民委员会召开村民会议民主确定。鼓励其他经济组织、社会公益组织、个人为参保人缴费提供资助。

各地都规定有条件的村集体应当对农民缴费参保给予补助，但对于补助标准及其确定方式等方面的规定各地不尽相同，主要有以下几种方式：一是由村民委员会召开村民会议民主决定，河北省等 25 个省（自治区、直辖市）采用了这一模式。二是同样由村民会议决定，并规定了补贴的上限，黑龙江省、上海市和海南省 3 个地区曾采用这一模式。黑龙江省规定对每名参保人的补助每年最高不超过 1 000 元，累计补助不超过 4 万元；上海市规定补助总额不超过相应年度个人年缴费标准的最高档次；海南省规定补助和资助的最高限额为当年最高缴费标准的 3 倍。三是由集体经济组织自行决定补助数额，集体经济发展较好、经济实力较强的北京市和广东省采用了这一模式。

（3）**政府补贴** 政府对符合领取条件的参保人全额支付新农保基础养老金，其中中央财政对中西部地区按中央确定的基础养老金标准给予全额补助，即每人 55 元 / 月；对东部地区给予 50% 的补助，即每人 27.5 元 / 月。

地方政府应当对参保人缴费给予补贴，补贴标准不低于每人每年 30 元；对选择较高档次标准缴费的，可给予适当鼓励，具体标准和办法由省（自治区、直辖市）人民政府确定。对农村重度残疾人等缴费困难群体，地方政府为其代缴部分或全部最低标准的养老保险费。

Q6 新农保的养老金待遇有哪些？

养老金待遇由基础养老金和个人账户养老金组成，支付终身。

（1）**基础养老金** 中央确定的基础养老金标准为每人每月 55 元。地方政府可以根据实际情况提高基础养老金标准，对于长期缴费的农民，可适当加发基础养老金，提高和加发部分的资金由地方政府支出。

（2）**个人账户养老金** 个人账户养老金的月计发标准为个人账户全部储存额除以 139（与现行城镇职工基本养老保险个人账户养老金计发系数相同）。参保人死亡，个人账户中的资金余额，除政府补贴外，可以依法继承；政府补贴余额用于继续支付其他参保人的养老金。

案例

养老金待遇

以《指导意见》政策为准，计算农民每年缴1000元、缴够15年到60周岁时，可以获得的养老金待遇。

（1）**基础养老金** 中央确定的基础养老金标准为每人每月55元。地方政府可以根据实际情况提高基础养老金标准，对于长期缴费的农村居民，可适当加发基础养老金。这里先暂时按现行最低标准55元计算。

（2）**个人账户养老金**

①个人缴费 如果选择每年缴费1000元，缴纳15年，那么个人缴费合计为15000元。

②集体补助 有条件的村集体应当对参保人缴费给予补助，补助标准由村民委员会召开村民会议民主确定。鼓励其他经济组织、社会公益组织、个人为参保人缴费提供资助。所以，这部分要视参保村是否有对参保人缴费给予补助而定。

③政府补助 地方政府应当对参保人缴费给予补贴，补贴标准不低于每人每年30元。这一部分是按参保实际缴费年数配比确定，如果参保人缴费15年，政府应按每年不低于30元的标准同时计入参保人的个人账户，即450元。但对补交的年限不给予配比补助。如某人55周岁开始缴费，可以选择补交10年，而补交的10年，政府不给予补助。

④个人账户的利息收入 如果参保人从45周岁开始缴费，个人缴费15000元、政府补助450元可得利息收入约

为 2700 元。

除集体补助金额外，个人账户养老金约为 18150 元。再将个人账户养老金除以月计发标准 139，结果约为 130 元。

经计算，参保人如果缴 1000 元 / 年、缴纳年限 15 年，年满 60 岁时可以领取（按最低标准计算）基础养老金 55 元、个人账户养老金 130 元，每月可领取 185 元，全年可领取 2220 元，将近 7 年即可将个人缴费额全部领回，以后的就都是赚的了。

Q7 新农保养老金待遇的领取条件是什么？

新农保制度实施时，已年满 60 周岁、未享受城镇职工基本养老保险待遇的，不用缴费，可以按月领取基础养老金，但其符合参保条件的子女应当参保缴费；距领取年龄不足 15 年的，应按年缴费，也允许补交，累计缴费不超过 15 年；距领取年龄超过 15 年的，应按年缴费，累计缴费不少于 15 年。

Q8 新农保基金是怎样管理的？

新农保基金纳入社会保障基金财政专户，实行收支两条线管理，单独记账、核算，按有关规定实现保值增值。在试点阶段，新农保基金暂时实行县级管理，并随着试点扩大，逐步提高管理层次；有条件的地方也可直接实行省级管理。

Q9 新农保基金投资运营的原则是什么?

（1）安全性原则　新农保本息能按期回收。安全性原则要求在新农保运营过程中必须处理好收益与风险的关系，把风险控制在新农保基金的可控制范围内。若风险过大，本金会无法收回，势必影响新农保正常的支付需要，从而影响新农保的持续开展与农村社会的稳定，同时也要求取得相应的收益，实现新农保基金预期的保值增值。

（2）流动性原则　即所投资的资产在不发生价值损失的条件下所具有的变现能力，以满足支付农村社会养老保险的需要。如果新农保基金长时间不能变现，将影响支付需要和长期安全。新农保基金投资运营需要采取多样化投资方式，精确计算，以分散投资的风险。

（3）盈利性原则　这指在符合安全性的前提下，投资能够获得一定的收益。新农保基金进行运营的直接目的就是为了获得收益，由于存在物价上涨因素，如果不能获得适当的收益，新农保基金将无法实现保值增值。新农保基金投资运营应通过科学的项目评估手段，选择优良资产和项目，并在此基础上进行有效运作和管理监督，争取获得预期的收益。

Q10 新农保基金投资运营存在的主要问题有哪些?

（1）基金运营渠道和方式单一，缺乏保值增值能力　政府对社会保险基金的投资采取严厉的限制，曾规定我国农村社会养老保险基金的投资途径主要是银行存款和购买国债，使得我国农村社会养老保险基金投资渠道单一，面临贬值风险。

（2）**基金统筹层次偏低** 我们实行的是只有县（市）级范围的地方社会统筹，省级统筹还不完善，没有中央级的全国统筹，养老保险基金缺乏整体性、规模较小、缺乏互助性。以县为单位组织基金投资运营，基层人员缺乏控制风险的综合能力，不利于新农保基金的安全，难以在较大范围内分散风险，不利于企业公平竞争，使社会保障的共济性受到制约。

（3）**缺乏有效监督，导致管理效率低下** 国家在新农保基金的筹建、运营、监管等方面没有统一的法律法规来指导、规范其运营，社会养老保险的法律制度建设严重落后于社会保障事业的客观需要，使得监督和被监督的主客体不明确，对养老金的信息披露缺失、监督还不到位，严重危及养老基金的运作安全，影响基金监督管理工作的开展。

Q11 怎样监督新农保基金？

各级人力资源社会保障部门需要切实履行新农保基金的监管职责，制定并完善新农保各项业务管理规章制度，规范业务程序，建立健全内控制度和基金稽核制度，对基金的筹集、上解、划拨、发放进行监控和定期检查，并定期披露新农保基金筹集和支付信息，做到公开透明，加强社会监督。

财政、监察、审计部门按各自职责实施监督，严禁挤占挪用，确保基金安全。

试点地区新农保经办机构和村民委员会每年在行政村范围内对村内参保人缴费和领取待遇信息进行公示，接受群众监督。

Q12 新农保与其他相关制度怎样衔接?

原来已开展老农保的地区，要在妥善处理老农保基金债权问题的基础上，做好与新农保制度的衔接。在新农保试点地区，凡已参加了老农保、年满 60 周岁且已领取老农保养老金的参保人，可直接享受新农保基础养老金；对已参加老农保、未满 60 周岁且没有领取养老金的参保人，应将老农保个人账户资金并入新农保个人账户，按新农保的缴费标准继续缴费，待符合规定条件时享受新农保相应待遇。

新农保与城镇职工基本养老保险等其他养老保险制度的衔接办法，由人力资源社会保障部会同财政部制定。要妥善做好新农保制度与被征地农民社会保障、水库移民后期扶持政策、农村计划生育家庭奖励扶助政策、农村五保供养、社会优抚、农村最低生活保障制度等政策制度的配套衔接工作，具体办法由人力资源社会保障部、财政部会同有关部门研究制定。

Q13 新农保与城镇职工基本养老保险的区别有哪些?

①保障对象不同。城镇职工基本养老保险是保障城镇就业群体，而新农保保障的是农村居民群体。

②城镇职工基本养老保险是国家法律法规规定强制实施的，是用人单位、劳动者个人都必须按照规定缴费的。新农保强调的是自愿原则，是农民自愿参加的，这是根据农村现阶段实际，由政府加以引导，但是不搞强迫命令。

③在城镇职工基本养老保险中，有规定的缴费比例、规定的

领取资格、规定的支付标准，总体来说是没有太大的弹性的。新农保政策“有弹性”，如设计的缴费标准有100元、200元、300元、400元、500元等若干档次，农民可以根据自己的收入水平进行选择。同时，允许地方增设缴费标准，可以向上增设，也可以向下增设，这就是为了适应各地经济发展的不平衡和农民收入水平差异相对较大的实际情况，不搞“一刀切”。

④筹资结构不同。城镇职工基本养老保险的主要筹资方是用人单位，虽然个人也缴费，但用人单位是缴费主体。新农保的主要供款方是政府，政府对60周岁及以上老年人提供基础养老金，同时对中青年的缴费也予以补助。

Q14 新农保与城镇职工基本养老保险哪个更划算?

城镇职工基本养老保险更划算。城镇职工基本养老保险的缴纳比例是职工所在企业缴纳20%，职工个人承担8%。职工退休后领取的养老金由3部分组成：基础养老金、个人账户养老金和过渡性养老金。其中，基础养老金是指退休后上一年度社会平均工资的20%；个人账户养老金是退休时个人账户累计余额除以120；过渡性养老金则需要根据每个人的不同情况单独计算，比较复杂，费用也比较少，此处忽略不计。

新农保由基础养老金和个人账户养老金组成。

月养老金 = 基础养老金 + 个人账户总额 ÷139

基础养老金 = 55（随国家政策调整）+ n − 15（n为缴费年数，n > 15）

个人账户总额 = 个人缴费 + 政府补贴 + 集体补助 + 社会和

个人资助＋上述金额产生的利息

新农保到退休后领取多少钱基本上是固定的，变动的概率很低；对于城镇企业职工基本养老保险，职工退休后不但领的养老金高，而且以后调资概率也高，基本上每年都会调1次。

Q15 新农保与城镇居民社会养老保险的异同有哪些？

根据贵州省思南县人力资源和社会保障局官方网站资料，新农保与城镇居民社会养老保险（简称“城居保”）的异同主要有以下几个方面。

（1）制度实施时间　新农保从2010年10月1日开始实施；城居保从2011年7月1日开始实施。

（2）参保条件　新农保参保对象为具有本县农村户籍、年满16周岁（不含在校学生）未参加城镇职工基本养老保险的农村居民；城居保参保对象为具有本县户籍、年满16周岁（不含在校学生）不符合职工基本养老保险参保条件的城镇非从业居民。

（3）缴费档次　新农保参保人员缴费标准设为每年100元、200元、300元、400元、500元、600元、700元、800元8个档次。城居保参保人员缴费标准设为每年100元、200元、300元、400元、500元、600元、700元、800元、900元、1 000元、1 200元、1 600元12个档次。两类参保人员均是自主选择档次缴费，多缴多得，在一个自然年度内，缴费档次确定后，一次性缴纳。

（4）特殊人群的政府补贴　新农保：①二级以上（含二级）重度残疾人参加新农保，由县级财政按照最低缴费档次的50%为其代缴，对享受农村低保的重度残疾人（二级以上），县人民政府按个人缴费最低档次标准为其全额缴纳；②独生子女户、两女结扎户的农村居民参保缴费，县人民政府按照缴费最低档次的 10% 补贴；③参保人员在义务服兵役期间，县人民政府按照个人缴费的最低档次全额代缴。城居保：①二级以上（含二级）重度残疾人和一户多残家庭的残疾人参保，由县政府按照最低缴费档次的 50% 为其代缴，对享受城镇低保的重度残疾人（二级以上）和一户多残家庭的残疾人参保，县人民政府按个人缴费最低档次标准为其全额缴纳；②独生子女户的城镇居民参保缴费，县人民政府按照缴费最低档次的 10% 补贴；③参保人员义务服兵役期间，县人民政府按照个人缴费的最低档次全额代缴。

其他各地新农保与城居保的异同根据各地相关规定确定。

城乡居民基本养老保险

Q1 为什么要合并新农保和城居保?

新农保和城居保两种制度先后设立，又极为类似，而且城居保制度的参保人数很少，有些省份在2011年城居保起步之初就直接将两种制度合二为一，实践表明二者非常有必要合二为一。2014年2月7日召开的国务院常务会议决定合并新农保和城居保，建立全国统一的城乡居民基本养老保险（以下简称“城乡居民养老保险”）制度。

建立全国统一的城乡居民养老保险制度，这意味着我国居民养老保险制度跳出城乡隔离的二元体制，有利于促进城乡一体化，确保全民享有基本的养老保障，将显著缩小城乡居民之间的社会保障水平差距，促进城乡融合；有利于促进劳动力资源整合，促进人口纵向流动，鼓励创新创业，加快城镇化进程；有利于城乡居民形成民生改善的稳定预期，拉动消费，增强社会安全感；有利于节约政府资源，提高养老保险管理效率。

Q2 哪些人员可以参加城乡居民养老保险?

年满16周岁（不含在校学生）、非国家机关和事业单位工作人员及不属于职工基本养老保险制度覆盖范围的城乡居民，可以在户籍地参加城乡居民养老保险。

Q3 城乡居民养老保险基金怎样筹集？

城乡居民养老保险基金由个人缴费、集体补助、政府补贴构成。

（1）个人缴费　参加城乡居民养老保险的人员应当按规定缴纳养老保险费。缴费标准目前设为每年100元、200元、300元、400元、500元、600元、700元、800元、900元、1 000元、1 500元、2 000元12个档次，省（自治区、直辖市）人民政府可以根据实际情况增设缴费档次，最高缴费档次标准原则上不超过当地灵活就业人员参加职工基本养老保险的年缴费额，并报人力资源社会保障部备案。人力资源社会保障部会同财政部依据城乡居民收入增长等情况适时调整缴费档次标准。参保人自主选择档次缴费，多缴多得。

（2）集体补助　有条件的村集体经济组织应当对参保人缴费给予补助，补助标准由村民委员会召开村民会议民主确定，鼓励有条件的社区将集体补助纳入社区公益事业资金筹集范围。鼓励其他社会经济组织、公益慈善组织、个人为参保人缴费提供资助。补助、资助金额不超过当地设定的最高缴费档次标准。

（3）政府补贴　政府对符合领取城乡居民养老保险待遇条件的参保人全额支付基础养老金，其中，中央财政对中西部地区按中央确定的基础养老金标准给予全额补助，对东部地区给予50%的补助。

地方人民政府应当对参保人缴费给予补贴，对选择最低档次标准缴费的，补贴标准不低于每人每年30元；对选择较高档次标准缴费的，适当增加补贴金额；对选择500元及以上档次标准缴费的，补贴标准不低于每人每年60元，具体标准和办法由省（自治区、直辖市）人民政府确定。对重度残疾人等缴费困难群体，地方人民政府为其代缴部分或全部最低标准的养老保险费。

Q4 城乡居民养老保险个人账户怎样建立?

国家为每个参保人员建立终身记录的养老保险个人账户，个人缴费、集体补助、地方人民政府对参保人的缴费补贴，以及其他社会经济组织、公益慈善组织、个人对参保人的缴费资助，全部记入个人账户。个人账户储存额按国家规定计息。

Q5 城乡居民养老保险待遇有哪些?

城乡居民养老保险待遇由基础养老金和个人账户养老金构成，支付终身。

（1）基础养老金　中央确定基础养老金最低标准，建立基础养老金最低标准正常调整机制，根据经济发展和物价变动等情况，适时调整全国基础养老金最低标准。地方人民政府可以根据实际情况适当提高基础养老金标准；对长期缴费的，可适当加发基础养老金，提高和加发部分的资金由地方人民政府支出，具体办法由省（自治区、直辖市）人民政府规定，并报人力资源社会保障部备案。

（2）个人账户养老金　个人账户养老金的月计发标准为个人账户全部储存额除以139。参保人死亡，个人账户资金余额可以依法继承。

Q6 城乡居民养老保险待遇的领取条件是什么?

根据《国务院关于建立统一的城乡居民基本养老保险制度的意见》第七条规定：参加城乡居民养老保险的个人，年满 60 周岁、累计缴费满 15 年，且未领取国家规定的基本养老保障待遇的，可以按月领取城乡居民养老保险待遇。

新农保或城居保制度实施时已年满 60 周岁，在本意见印发之日前未领取国家规定的基本养老保障待遇的，不用缴费，自本意见实施之月起，可以按月领取城乡居民养老保险基础养老金；距规定领取年龄不足 15 年的，应逐年缴费，也允许补交，累计缴费不超过 15 年；距规定领取年龄超过 15 年的，应按年缴费，累计缴费不少于 15 年。

城乡居民养老保险待遇领取人员死亡的，从次月起停止支付其养老金。有条件的地方人民政府可以结合本地实际探索建立丧葬补助金制度。社会保险经办机构应每年对城乡居民养老保险待遇领取人员进行核对；村（居）民委员会要协助社会保险经办机构开展工作，在行政村（社区）范围内对参保人待遇领取资格进行公示，并与职工基本养老保险待遇等领取记录进行比对，确保不重、不漏、不错。

Q7 城乡居民养老保险转移接续及与其他制度衔接是怎样的?

参加城乡居民养老保险的人员，在缴费期间户籍迁移、需要跨地区转移城乡居民养老保险关系的，可在迁入地申请转移养老保险关系，一次性转移个人账户全部储存额，并按迁入地规定继续参保缴费，缴费年限可累计；已经按规定领取城乡居民养老保险待遇的，无论户籍是否迁移，其养老保险关系不转移。

城乡居民养老保险制度与职工基本养老保险、优抚安置、城乡居民最低生活保障、农村五保供养等社会保障制度以及农村部分计划生育家庭奖励扶助制度的衔接，按有关规定执行。

Q8 城乡居民养老保险基金管理和运营要求是什么？

将新农保基金和城居保基金合并为城乡居民养老保险基金，完善城乡居民养老保险基金财务会计制度和各项业务管理规章制度。城乡居民养老保险基金纳入社会保障基金财政专户，实行收支两条线管理，单独记账、独立核算，任何地区、部门、单位和个人均不得挤占挪用、虚报冒领。各地要在整合城乡居民养老保险制度的基础上，逐步推进城乡居民养老保险基金省级管理。城乡居民养老保险基金按照国家统一规定投资运营，实现保值增值。

Q9 怎样监督城乡居民养老保险基金？

各级人力资源社会保障部门要会同有关部门认真履行监管职责，建立健全内控制度和基金稽核监督制度，对基金的筹集、上解、划拨、发放、存储、管理等进行监控和检查，并按规定披露信息，接受社会监督。财政部门、审计部门按各自职责，对基金的收支、管理和投资运营情况实施监督。对虚报冒领、挤占挪用、贪污浪费等违纪违法行为，有关部门要按国家有关法律法规严肃处理。要积极探索有村（居）民代表参加的社会监督的有效方式，做到基金公开透明，制度在阳光下运行。

Q10 城乡居民养老保险使参保人多得到哪些实惠？

（1）增加个人缴费档次 原新农保与城居保缴费标准设为每年 100 ~ 1 000 元 10 个档次，现在在保留原 10 个缴费档次的基础上新增加了 1 500 元、2 000 元 2 个档次，有的还增加了 2 500 元、3 000 元档次，共计 14 个档次，参保人可根据家庭经济条件自主选择，为有更高缴费意愿和缴费能力的居民提供更多的选择。

（2）参保人死亡，个人账户余额可依法继承 新政策规定参保人死亡，个人账户资金余额可以依法继承，不再剔除政府补贴。法定受益人可在参保人死亡之日起 30 日内办理相关手续。

（3）建立丧葬补助金制度 新政策建立了丧葬补助金制度，规定参保人死亡后，给予一次性丧葬补助金，有的地方补助标准为 4 个月的基础养老金，即 400 元，这在原新农保与城居保政策中是没有的。新政策中的这项制度不仅体现了人文关怀，还有助于减轻参保居民家庭的丧葬费用负担。

城乡居民基本养老保险制度新政策，缩小了城乡差距，实现基本公共服务均等化，促进建立更加公平、可持续的社会保险制度，对社会和谐稳定发挥极其重要的作用。

Q11 为什么农民有社保养老金还需要参加商业养老保险？

如果农民想在退休后保持较高的生活水平，只靠社会保险还不够，还需要商业养老保险的支持。一个人在其一生之中，从20岁到60岁大约只有40年的时间有收入，因此他必须考虑如何将这些收入连续地分配到没有收入的时间中去。商业性养老保险兼具寿险保障和养老规划的双重功能，从理财的角度分析，经济条件许可的农民购买商业养老保险是必要的。

由于现代家庭多是独生子女，未来家庭会多呈现“四二一”或“四二二”的家庭结构，养老作为人生规划最末端的问题开始凸现，老人并不愿意子女为了赡养自己而背负沉重的包袱。因此，自主养老将会是比较适宜的解决方案，而商业养老保险就可以成为老人“自主养老、老有所养、老有所靠”的社保补充，对于经济条件许可的农民来说，需要提早做规划才能享受高水平的晚年生活。

新型农村合作医疗

四

Q1 什么是新农合？

新型农村合作医疗简称“新农合”，是指由政府组织、引导、支持，农民自愿参加，个人、集体和政府（个人缴费、集体扶持、地方财政和中央财政补助等）多方筹资，以大病统筹为主的农民医疗互助共济制度。

实行新农合制度的根本目的是要为农民建立起一种基本医疗保障机制，帮助农民减轻医药费用负担，从而提高农村医疗保障服务的可及性与公平性，使广大农民群众能及时享有基本医疗保障服务。为缓解农民“因病致贫、因病返贫”的问题，各级政府积极引导农民建立以大病统筹为主的新农合制度，这是中国政府为提高农民的健康和医疗保障水平而进行的积极探索。

Q2 哪些人员可以参加新农合？

新农合是以政府资助为主、针对农村居民的一项基本医疗保险制度。其覆盖范围：所有农村居民都可以以家庭为单位自愿参加新型农村合作医疗，按时足额缴纳合作医疗经费。例如，北京市的参合范围为北京市行政区域内具有农业户口的农村居民，中学毕业由农业户口转为城镇户口尚未参加工作的居民，以及父母为农业户口而本人为城镇户口的新生儿童，均可参加。

Q3 新农合具有保险制度的哪些特征？

保险的基本职能：筹措、建立保险基金，补偿经济损失。

保险的基本作用：担负着国家所承担范围之外的补偿损失的作用；将难以预料的损失化为被保险人固定的、小量的保险费支出，使企业能持续经营，使人民生活能得到足够保障；管理危险，减少灾害、事故的发生，减轻灾害、事故给被保险人造成的沉重负担。

可保危险：通常情况下，可保危险必须具有以下条件：危险不是投机性的，即只能是仅有损失机会并无获利机会的危险；危险必须是偶然性的，即有可能发生，但具有不可预知性；危险必须是大量标的均有遭受损失的可能（大数法则）；危险必须是意外的，即并非必然，也不是被保险人的故意行为所引起的；危险应有发生较大损失的可能性。保险费率的高低以危险损失概率的大小为依据。

Q4 新农合以大病统筹为主的政策含意是什么？

坚持以大病统筹为主是新农合的一项重要原则和政策，也是合作医疗政策目标的基本要求。关于“大病”的判别，通俗理解为比较重的病。一般情况下，大病往往需要住院治疗，并且治疗费用较高。按照临床工作规范，病人住院应当符合住院标准，但费用高到什么程度属于“大病”则没有具体标准。因此，在新农合工作中，一般将“大病”定义和解释为需要住院治疗的疾病是可行的。以大病统筹为主的政策含意主要包括以下内容。

（1）要突出以大病补偿为主 新农合制度的实施办法要突出以大病补偿为重点，基金的分配使用计划要优先保证大病补偿的需要，即着重解决参加新农合的农民大额医疗费用或者住院费用的补偿问题。

（2）对大病补偿方式和补偿资金要实行统筹管理 统筹具有统一计划、统一安排、统一管理的含意。所谓大病统筹，可以理解为对“大病”的补偿方式统一，对计划用于大病补偿的资金统一安排、集中管理、统筹使用。

（3）坚持以大病统筹为主，兼顾小病的补偿 坚持以大病统筹为主，但“为主”并不是“唯一”，不是“全部”。要积极探索以大病（或大额医疗费用）统筹补助为主、兼顾小病（或小额医疗费用）补助的方式，以扩大新农合制度的受益面。

Q5 新农合以大病统筹为主需要注意哪些问题？

新农合以大病统筹为主需要注意以下问题。

①新农合基金主要用于大病补偿，并且大病统筹资金占基金总额的比例一般以 75% ~ 80% 为宜，也可以将基金全部用于大病统筹。

②小病补偿资金来自个人缴费的一部分，个人缴费的其余部分应用于大病统筹，不能将个人所缴资金全部用于小病补偿。

③根据各省参合农民个人缴费的政策标准，贫困县（市）可以从参合农民按不低于 10 元标准的个人所缴资金中，划出 5 ~ 7 元用于小病补偿；非贫困县（市）在保证每个参合农民个人所缴资金有 10 元以上用于大病统筹后，其余部分可以用于小病补偿。

④小病补偿资金可以采取建立家庭账户的办法管理，由个人

或参加了合作医疗的家庭成员用于支付门诊等医疗费用。家庭账户也应当实行按比例报账制，年度结余资金全部转入下年度的家庭账户；不应将家庭账户的资金以代金券、存款单或抵顶下年度个人缴费等方式，一次性返还给参合农民。

Q6 新农合的筹资标准是什么？

随着经济的发展，不同地区新农合缴费标准有所不同。例如，2010 年新农合的筹资水平约为每人每年 55 元，原则上农民个人每人每年缴费不低于 10 元，经济发达地区可在农民自愿的基础上相应提高缴费标准。2016 年重庆市为人均 700 元，其中参合者自缴 140 元，政府补助 560 元；河北省的参合农民个人缴费标准由 110 元提高到 150 元；贵州省的参合农民每人需要缴费 90 元，其中对农村低保等符合资助条件的困难群众以人均不低于 35 元的标准资助参合，由民政城乡医疗救助制度对农村低收入家庭中的重病患者、重度残疾人以及老年人、家庭经济困难大学生、遭受自然灾害、遭遇临时性突发性困难人群参加新农合给予资助，按每人每年不低于 10 元的标准给予资助。

Q7 新农合的办理流程是什么？

以北京市为例，办理新型农村合作医疗的流程如下。

（1）登记 根据政府组织引导、农民自愿参加的原则，以户为单位，符合条件的家庭成员全部参加方可参合。参合人员每人提供近期一寸正面免冠照片一张，按时间要求到村委会登记并缴纳参保费用。村委会负责填写“×× 区 ×× 乡新型农村合作医疗登记表”和“××区新型农村合作医疗大病统筹医疗证”的基本情况部分，并将本村参保人员情况汇总，填写“××区××乡××村新型农村合作医疗花名册”，按规定时间报镇（乡）新型农村合作医疗管理委员会办公室，由镇（乡）新型农村合作医疗结算中心纳入计算机管理。镇（乡）新型农村合作医疗管理委员会办公室负责审核各村参保人员情况并颁发医疗证。

（2）**备案** 各镇（乡）新型农村合作医疗结算中心在规定时间内将参合人员花名册报区新型农村合作医疗管理委员会备案。

（3）**缴费** 新型农村合作医疗中农民缴费、村集体的扶持资金和乡村企业的缴费，按年度由镇（乡）政府组织收缴。区民政局批准的农村低保户、五保户、优抚对象、新中国成立前入党的农村老党员和去世离休干部的无工作配偶，个人出资部分应由区政府补助。低收入家庭中的重病人员、重残人员、60周岁（含）以上老年人，个人出资所需资金从区医疗救助资金中列支，由区民政部门按照相应程序审批。

（4）**发证** 新型农村合作医疗证为一人一证一编码，编码由镇（乡）新型农村合作医疗管理委员会办公室按统一要求编制。

（5）**医疗证的制定及发放** 新型农村合作医疗证由区新型农村合作医疗管理委员会办公室统一印制，镇（乡）新型农村合作医疗管理委员会办公室填写完整，盖章生效并负责发放。

医疗证损坏或遗失的，凭村委会证明及户口本，及时到镇（乡）新型农村合作医疗管理委员会办公室挂失并补办，并加盖补办印章，同时要交纳工本费。原医疗证自行作废。

Q8 参合农民在缴费时应注意的问题有哪些？

参合农民缴费工作应注意的问题主要有：①应当以户为单位参加并缴费。根据保险的“大数法则”和“可保危险”的原则，农民参加新农合，一般实行以户为单位参加。②参合农户应在制度的一个运行年度启动前（每年的12月31日），按政策规定的缴费标准和本户参合人数，一次性交清本户下年度的个人缴费，一般不在运行年度中途再登记参合和缴费；应明确具体的缴费办法。③参合农民的个人缴费，可以在农民自愿参加并签名承诺的前提下，由乡镇农税、财税部门或者委托信用社一次性代收；也可以结合进村入户宣传动员，由指定的基层干部上门代收；还可以采取符合农民意愿的其他缴费办法。无论什么办法都必须做到农民自愿、资金安全、手续健全、责任清楚，都必须开具省级财税部门统一印制的专用收据。④参合农民的缴费资金必须及时转存至县新农合基金账户，任何部门、单位和个人都不得截留和挪用。

Q9 新农合的参保人每人每年可补助多少元？

2003年，政府对所有参合农民给予每人每年不低于40元的补助，其中中央财政对中西部市区以外参加新农合的农民每人每年补助20元，地方财政的资助额要不低于20元。中央财政对东部省份也按中西部地区一定比例给予补助。自2008年起，财政补助对参合农民的补助标准提高了1倍，即每人每年80元。2010年，全国新农合筹资水平提高到每人每年150元。2017年，各级财政对新农合的人均补助标准达到了450元。

各级财政的补助资金按照“自下而上”的程序，逐级审核、拨付，即：县级财政按政策规定标准和实际参合人数，在申报上级财政补助资金之前，将本级财政的补助资金及时拨入基金专户；市（州）、省、中央财政在核实实际参合人数和基金专户中农民个人缴费、下级财政补助资金相符后，由下而上逐级下拨本级财政补助资金；最后由县级财政负责及时转入新农合基金专户。实际参合人数与基金账户中参合农民个人缴费、地方财政补助资金不符的，上级财政将核减补助资金。鼓励有条件的乡村集体经济组织对本地新农合给予资金扶持，以资助本地农民参加新农合，或者直接捐赠给新农合基金。鼓励社会法人、自然人资助农民参加新农合，或者直接向新农合基金捐赠。

Q10 新农合的医疗待遇有哪些?

以北京市为例，根据2018年1月1日起施行的《北京市城乡居民基本医疗保险办法》规定，参保人员可享受以下医疗待遇。

①参保人员发生的，符合本市基本医疗保险药品目录、诊疗项目目录、医疗服务设施范围以及学生儿童补充报销范围规定的门（急）诊、住院医疗费用，由城乡居民医保基金按规定支付。

②上年度参保人员在本年度连续参保缴费的可享受门（急）诊医疗费用报销待遇，未连续参保缴费的不享受门（急）诊医疗费用报销待遇。当年符合参保条件且参保缴费的，视为连续参保缴费。

③城乡居民医保基金在一个医疗保险年度内门（急）诊的起付标准为：一级及以下医疗机构100元、二级及以上医疗机构550元。起付标准以上部分由城乡居民医保基金按比例支付，支付比例为：一级及以下医疗机构55%、二级及以上医疗机构50%，累计最高支

付数额为 3 000 元。

④城乡居民医保基金在一个医疗保险年度内城乡老年人、劳动年龄内居民首次住院的起付标准为：一级及以下医疗机构 300 元、二级医疗机构 800 元、三级医疗机构 1 300 元，第二次及以后住院的起付标准按首次住院起付标准的 50% 确定；学生儿童住院的起付标准为：一级及以下医疗机构 150 元、二级医疗机构 400 元、三级医疗机构 650 元。起付标准以上部分由城乡居民医保基金按比例支付，支付比例为：一级及以下医疗机构 80%、二级医疗机构 78%、三级医疗机构 75%，累计最高支付数额为 20 万元。

⑤患有特殊病种的参保人员按规定办理备案手续后，特殊病种门诊就医享受住院医疗费用报销待遇。特殊病种类别另行规定。

⑥参保人员发生的符合本市计划生育规定的分娩当次医疗费用、计划生育手术医疗费用，参照职工生育保险限额、定额和项目付费的支付标准，按本办法门（急）诊、住院医疗费用报销待遇有关规定执行。

⑦参保人员发生城乡老年人、劳动年龄内居民、学生儿童之间身份变化时，按缴费时的身份享受待遇。

⑧参保人员在享受城乡居民医保待遇年度内就业并参加城镇职工基本医疗保险的，应享受城镇职工基本医疗保险待遇，不再享受城乡居民医保待遇。

Q11 哪些情况下新农合不予报销医疗费用？

新农合不予报销医疗费用的情况主要有以下几种。

①除急诊外，在非本镇（乡）定点医疗机构住院治疗。

②因交通事故、医疗事故或者其他责任事故造成伤害的。

③因本人吸毒、打架斗殴或者其他违法行为造成伤害的。

④因自杀、自残、酗酒等原因进行治疗的。

⑤有挂名不住院或冒名顶替住院等欺诈行为的。

⑥在境外及香港特别行政区、澳门特别行政区、台湾地区和外省（市）发生的医疗费用。

⑦以北京市为例，按现行北京市《北京市基本医疗保险药品目录》《北京市基本医疗保险诊疗项目目录》《北京市基本医疗保险服务设施目录》有关规定不予补偿的医疗检查、治疗、药品及其他费用。

Q12 如何查询医保卡余额?

医保卡余额查询可通过拨打电话“12333”进行余额查询，也可在定点医院、药店查询，还可以上网在社保查询系统登录查询。

查询中常见的问题有如下几种。

①刷卡提示“该成员未参保”。这类病人可凭磁卡调取通用就诊卡的病人基本信息，即该医保卡只具有通用就诊卡功能，同时告知病人年度未参保，如病人有异议，请病人到户籍所在村（社区）进行咨询确认。

②刷卡提示“卡黑名单，常规冻结，冻结原因 ***”。主要原因有：病人参加城镇职工医保后冻结；疑似外伤或外伤原因不明冻结；结报错误款未予追回等。同时，告知病人冻结原因，如病人有异议，请病人向市医管中心进行咨询。

③刷卡提示“卡黑名单，补卡，原因 ***”。该卡已经作废，不允许使用。主要原因有：卡损坏后报损；信息错误修改；上一张卡信息修改后，补办了新卡，原卡作废；个人提交挂失；医保

卡遗失后补办了新卡，原卡作废；镇（村）提交挂失。

此原因出现的频率较高，主要是镇（村）统一补办新卡后，原卡已作废，而新卡暂未发放到病人手中，可请病人到户籍所在村（社区）进行咨询确认。

④刷卡后读卡器无反应，不能显示信息。请多试几个读卡器刷卡，如仍无信息，请至医院信息科核实后告知病人随身带身份证到市医管中心换卡。

⑤在使用过程中，如病人手中有 2 张新医保卡，请检查医保卡左上角 No 号，阿拉伯数字前带“X”标记的为可以正常使用的医保卡。如果有 2 张带“X”的卡，一般数字大的卡为有效卡。

Q13 新农合在实践中遇到的主要问题有哪些？

新农合在实践中遇到的主要问题如下。

（1）宣传不到位 新农合的宣传多集中在介绍新农合给农民带来的表面好处上，没有树立起农民的风险意识，也没有体现出重点，没有对那些不参加的农民进行不参合原因调查，使得宣传大多停留在形式上。许多农民并不了解新农合制度的意义，他们仅从自己短期得失的角度上考虑，认为自己身体好，生病住院的概率低，没有必要花那个冤枉钱。还有一些农民认为是把自己的保险金拿去补偿别人了。在宣传新农合时，相应人员也没有把具体的理赔标准发给农民，使得他们在理赔时看到那么多药费不能理赔，担心被欺骗。

（2）保障水平低 新农合是以大病统筹兼顾小病理赔为主的农民医疗互助共济制度，这显示出新农合是救助农民的疾病医疗费用的，而门诊、跌打损伤等不在该保险范围内，这项规定使得农民实际受益没有预想的那么大。

（3）**参合登记程序和报销程序过于烦琐** 首先，参加新农合的登记程序烦琐。其次，农村合作医疗的报销程序也很烦琐。城镇居民的医保都是可以拿来抵押一部分医药费的，可以直接通过刷卡交医疗费，事后再来结算。有的村庄距离报账中心和信用社很远，来回的车费都比较贵。烦琐的登记、理赔程序增加了农民许多不必要的麻烦，降低了农民的满意度。新农合的就诊患者需要完全自费后拿着医院开具的发票去所在辖区政府机关申请报销。以北京的特殊病患者为例，各个区（县）报销比例不同。例如，同样的癌症患者，顺义地区病人的报销能达到55%，延庆、怀柔的比例更高，而门头沟的只能享受40%的报销比例，同时这40%并不是申请了特殊病都给报销的，比如放疗收据中只有小部分是西药，其他是影像检查等费用，这样下来，10万元的放疗费用在门头沟能报销的只有不到3万元，而在延庆可以达到7万元。另外，有的癌症患者常年要吃中草药，门头沟的合作医疗报销规定中规定，中草药里没有放化疗成分是不报的，而持有医保卡的病人吃中药也能报。

（4）**管理费用不足** 按照有关文件规定，新农合管理人员经费和工作经费列入同级财政预算，但是在新农合全面推开后，个别市、县，尤其是贫困市、县，由于财政能力有限，不能完全解决新农合经办机构的办公经费问题；同时，乡镇卫生院经费也需要补偿，以利于降低农民利用医疗服务的间接成本，促进病人在不同级别医疗服务机构之间合理流动，控制新型农村合作医疗基金的支出。

虽然新型农村合作医疗在实践中存在一些问题，但是我国正在建立多层次的医疗保障制度，包括四大基本医疗保障制度：城镇职工基本医疗保险制度、新型农村合作医疗制度、城镇居民医疗保险制度和贫困人口的医疗救助制度。今后，政府在制定政策措施时，更会综合考虑上述制度的平衡协调发展和相互衔接，不断提高政府和个人的资金投入，逐步缩小不同种类之间保障水平的差距。

Q14 今后民众就医报销将不分城里和农村，是真的吗?

是真的。整合城乡医疗保险制度、发展更加公平的医疗保险体系，打破城乡户籍制度对医疗保险制度的制约，可以使医保体系在政策制定、管理运行、经办服务等方面摒除城乡户籍因素，剥除户籍制度所承载的医疗保障功能，缩小城乡居民医保差距。

2016 年，国务院印发《关于整合城乡居民基本医疗保险制度的意见》，要求整合城乡医保制度。该政策的落实意味着民众就医报销将不分城里和农村。因此，城乡医保并轨有很强的制度性意义，城乡居民将不再受城乡身份的限制，参加统一的城乡居民医保制度，按照统一的政策参保缴费和享受待遇，城乡居民能够更加公平地享有基本医疗保障权益。

Q15 城乡居民医保并轨后对就医用药有什么好处?

城乡居民医保并轨后，无论是城镇居民还是农民、学生儿童，均实行一个政策体系、执行一个待遇标准、享受同样的经办服务，实现了更大范围、更高程度的制度公平，医保用药目录扩容使有的地区用药范围成倍扩大。根据地方人力资源与社会保障部门提供的数据，城乡医保并轨后，各地医保定点的医疗机构、医保药品的目录，都明显扩大，尤其是参保新农合的农村居民，并轨后的医保用药范围成倍扩大。

例如，天津市人力资源与社会保障局透露，城乡医保并轨后，农村居民医保药品的数量从原来的2 000多种增加到7 300多种，增加了2.65倍。此外，农村居民就医定点医院的数量也由原来的30家左右增加到目前的1 400余家。

内蒙古自治区的新农合药品目录由原来的1 988种增加到2 600多种，增幅达到30%以上，新农合实际报销比例将逐步向城镇居民靠拢。

河北省新农合用药目录有1 000种左右，城镇居民基本医保用药目录约有2 400种，整合后城乡居民基本医保用药目录能达到2 900种左右。

山东、广东、宁夏等地城乡医保并轨后，城乡居民统一使用基本医保药品目录，农民的可报销药品种类分别从1 100种、1 083种、918种增至2 400种、2 450种、2 100种，医保用药的范围大幅扩大。

Q16 城乡居民医保并轨后医保报销比例如何确定?

城乡居民医保并轨后将遵循“待遇就高不就低”原则，即医保报销比例就高不就低，不分城里乡下，参保人员特别是农村居民的医保报销比例显著提高。

宁夏，在全国较早地建立起统一的城乡居民基本医疗保险制度。在城乡统筹前，城镇居民政策范围内报销比例约为57%，农村居民政策范围内报销比例为53.59%；统筹后的2014年，城乡居民在医保政策范围内报销比例达到66%。

北京，依照门诊报销政策，2014 年城镇居民一个年度内门诊报销封顶线是 2 000 元，而新农合是 3 000 元。按照医保待遇不降低的原则，自 2018 年 1 月 1 日政策合并后，城乡居民的医疗待遇全面提升，门诊最高报销比例达成了 55%，比原来提高了 5 个百分点，门诊年度封顶线统一为 3 000 元；住院最高报销比例达到了 80%，比原来提高了 5 ~ 10 个百分点，住院年度封顶线从 18 万元统一提高到 20 万元。

上海，从住院待遇一项来看，整合前城镇居民医保支付比例最低为 60%（60 岁以下），新农合最低只有 50%，而整合后统一为 70%。另外，上海市农村居民住院报销费用也不再设限。原来参加新农合的农村居民在住院时，费用如果超过 12 万元，超过部分就不能由医保支付。整合后，将 12 万元封顶线取消，超过几万元的部分也能继续按照规定的比例结算。

广东，大幅提高封顶限额，将城乡居民医保政策范围内住院支付比例提高到 76%，封顶线从过去的 5 万元提高到现在的 44 万元。

Q17 城乡医保并轨能降低农村居民因病致贫的风险吗？

城乡医保并轨将大大降低农村居民因病致贫的风险。根据国务院扶贫办建档立卡统计，因病致贫、因病返贫贫困户占建档立卡贫困户总数的 42%，患大病和患长期慢性病的贫困人口疾病负担重。贫困地区、贫困乡村一个家庭只要有一个人病了，就拖累一家人，不仅病人丧失劳动能力，无法使家庭增加收入、改善条件，而且一家子的人、财、物都要围绕病人治病，因病致贫、因病返贫户占贫困人口的近一半，仅靠患病家庭自身财力也难免出现杯水车薪的情况，解决好因病致贫问题确实需要医保政策兜底。

按照“六统一”的制度框架，贫困地区农村居民可以逐步享受到与城市居民相同的医保待遇，可选择的定点医院数量及报销范围都有大幅扩大。医保“蛋糕”做得越大，抗风险和保障能力就越强。城乡医保并轨后，参保人数大幅增长、年龄结构进一步优化，为提高参保人的医保待遇创造了空间。

Q18 医保异地结算有哪些好处？城乡居民实现异地就医结算进展如何？

医保异地结算的好处有：①给患者减轻负担。现在各个省份的流动人口增多，很多城市都有一些常住人群，而他们的医保可能并不在本地，这些人就医难、看病难。这些人有可能是农民工，收入微薄，实现医保异地结算可以大大减轻他们看病的负担。②有效防堵漏洞、保证“救命钱”安全使用。进行异地结算就要完成医保信息全国联网，这样可以让信息更加透明化、明确化，可以有效防止漏洞产生，真正保证老百姓“救命钱”的安全使用。③与分级诊疗不冲突。医保结算落地并不是让人们都去大医院，相反，要异地转院也需要当地医院开具证明。因此，进行医保异地结算不会影响分级诊疗的实施。

解决异地就医直接结算问题分三步走：第一步，实现省内异地就医的直接结算；第二步，实现异地退休安置人员跨省异地就医住院费用直接结算；第三步，实现所有符合转诊条件人员的异地就医住院费用直接结算。

2017 年 9 月前全国异地就医住院费用直接结算已全面启动，力争早日完成三大任务：①全部省份接入国家异地就医结算系统；

② 90% 以上的地市接入国家异地就医结算系统；③承担异地就医任务重的医疗机构 80% 以上接入国家异地就医结算系统。首期开通基本医疗保险跨省异地就医住院医疗费用直接结算的地区和定点医疗机构名单，包括 160 个地区和 1 008 家定点医疗机构。

在线备案则是异地就医费用直接结算的必要条件。参保人员参保关系在所在地区开通后，在跨省异地就医前，按当地规定到社会保险经办机构进行登记备案，经办机构将备案信息上传至国家基本医疗保险异地就医结算系统后，在开通的定点医疗机构就医时就可以持社保卡直接结算住院医疗费用了。

为方便参保人实时查询跨省异地就医直接结算相关信息，人力资源与社会保障部已开通网上公共服务查询系统。参保人可直接登录人力资源与社会保障部官方网站，依次点击“服务之窗——查询——信息查询——社会保险网上查询系统（跨省异地就医）”进行查询。网上公共服务查询系统含公共查询和个人权益查询，公共查询内容为已开通的跨省异地就医地区和定点医疗机构，以及各参保地经办机构信息；个人权益查询在参保人注册并通过实名认证后，可查询个人跨省异地就医登记备案信息和跨省异地就医费用明细。

社会保障卡

Q1 什么是社保卡?

中华人民共和国社会保障卡（以下简称“社保卡”），是指面向社会公众发行，主要应用于人力资源社会保障领域政府社会管理和公共服务的集成电路卡。

社保卡是持卡人享有社会保障和公共就业服务权益的电子凭证，具有信息记录、信息查询、业务办理等基本功能，可加载金融功能并扩展应用至其他公共服务领域。

人力资源社会保障部负责管理全国社保卡发行和应用工作。省、地市级人力资源社会保障部门负责管理本地区社保卡发行和应用工作，其所属的信息化综合管理机构具体承担社保卡发行和技术管理的有关事务。

社保卡按照“一卡多用，全国通用”的原则进行建设。各地发行社保卡必须遵循安全性、完整性和公益性的要求，采用全国统一的标准规范，保证其可在全国范围内使用。

Q2 哪些人群可以持有社保卡?

年满 16 周岁（不含在校学生），非国家机关和事业单位工作人员及不属于职工基本养老保险制度覆盖范围的城乡居民，可以在户籍地参加城乡居民养老保险，持有社保卡。

Q3 农村统一发放的社保卡有哪些功能?

农村的社保卡是农民缴纳和享受农村社会保险待遇的凭证，利用社保卡缴纳新农保和“新农合”，再用它进行养老金的领取和住院费的结算。另外，社保卡还有银行账户，所以还可以当银行卡使用。农村统一发放的社保卡主要有以下功能。

①个人社会保障相关信息记录、电子凭证和信息查询等。

②记录参保人员姓名、身份证号码、出生年月、性别、民族、户籍所在地等基本信息。

③查询本人养老、失业、医疗、工伤和生育保险缴纳情况。

④可持卡到医院就医，进行医疗保险个人账户结算，到药店买药。

⑤办理医疗、失业、养老、工伤和生育等社保事务。

⑥查询养老保险、医疗保险累计总额等信息。

⑦办理领取养老金等社保事务，进行求职、失业登记，申领失业保险金，申请参加职业培训等。

Q4 社保卡的 102 项用卡典型项目具体有哪些?

社保卡在人力资源和社会保障方面，已有102项典型应用（表1）。

表 1 社保卡 102 项典型应用

序号	分类	应用项目	用卡说明
		就 业	
1	电子凭证	就业登记	凭卡进行就业登记，并将就业登记信息写入社保卡
2		失业登记	凭卡到公共就业服务机构进行失业登记，并将失业登记信息写入
3		就业失业登记证（电子副本）	在需出具就业失业登记证办理业务时，个人可凭卡办理相关业务，并将相关信息写入
4		求职登记	个人凭卡到公共就业服务机构进行求职登记
5		职业介绍	个人凭卡参加现场招聘活动，用卡在招聘单位展台直接登记求职
6		离校未就业高校毕业生登记	离校未就业高校毕业生凭卡及其他相关证明材料到公共就业服务机构进行就业服务实名登记，凭卡接受各类服务
7		申请接受就业服务	个人凭卡到公共就业服务机构申请接受就业服务
8		享受就业扶持政策申请	个人凭卡及其他相关证明材料申请享受就业扶持政策，并将就业扶持政策享受信息写入
9		就业援助申请	个人凭卡及其他相关证明材料申请就业援助，并将就业援助对象认定信息写入
10		职业培训实名登记	个人凭卡到职业培训机构进行实名登记，凭卡接受培训和享受职业培训补贴
11		职业技能鉴定	个人凭卡到职业技能鉴定机构进行职业技能鉴定，并将职业技能鉴定信息写入
12	信息记录	就业失业登记证信息记录	记录持卡人就业失业登记证中的信息。包括就业登记信息、失业登记信息、证件信息、就业援助对象认定信息、就业扶持政策享受信息等
13		职业资格证书信息记录	记录持卡人职业资格证书信息。包括证书编号、发证机构名称、发证日期、职业资格名称代码等信息
14	自助查询	岗位信息查询	个人持卡查询打印匹配的岗位信息

续表

序号	分类	应用项目	用卡说明
15	自助查询	职业培训信息查询	个人持卡查询打印本人可参加或已参加的培训信息
16		职业技能鉴定信息查询	个人持卡查询本人参加职业技能鉴定的结果
17		就业失业登记信息查询	个人持卡查询本人就业失业登记信息
18		就业援助信息查询	个人持卡查询本人就业援助对象认定信息
19		就业扶持信息查询	个人持卡查询本人可享受或已享受的就业扶持政策信息
20	缴费和待遇领取	就业扶持政策补贴资金领取	个人享受就业扶持政策的补贴资金发放到社保卡加载的银行账户中，个人凭社保卡经银行渠道领取
21		职业技能鉴定缴费	个人利用社保卡加载的银行账户缴纳职业技能鉴定费
社会保险公共业务			
22	电子凭证	参保登记	个人直接办理业务时，凭卡进行参保登记，并将参保登记信息写入
23		个人缴费申报	个人直接办理业务时，个人凭卡进行缴费申报
24		社会保险关系转移	个人凭卡及其他相关证明材料办理社会保险关系转移接续手续，并将相关参保凭证信息写入（包括养老保险、医疗保险、失业保险等）
25		基金监督举报投诉	个人凭卡到社会保险行政部门投诉社保征缴、经办、服务机构和用人单位等侵害其社会保险权益行为，举报单位组织和个人违反社会保险法律法规，侵害社会保险基金行为
26	信息记录	参保信息记录	记录持卡人社会保险参保信息
27	自助查询	参保缴费凭证查询及打印	个人持卡查询打印本人养老、医疗、失业保险参保缴费凭证（包括本地、异地）
28		个人权益记录单查询及打印	个人持卡查询打印本人各项社会保险个人权益记录单（包括本地、异地）

续表

序号	分类	应用项目	用卡说明
29	自助查询	个人参保信息查询	个人卡查询本人参保、缴费等信息（包括本地、异地）
30	缴费和待遇领取	个人自主缴费	个人利用社保卡加载的银行账户缴纳社会保险费（包括本地、异地）
31		基金监督举报奖励领取	社会保险基金监督举报奖励发放到社保卡加载的银行账户中，个人凭卡领取
		养老保险待遇业务	
32	电子凭证	养老保险待遇申请	个人直接办理业务时，凭卡及其他相关证明材料申请养老保险待遇，并将养老保险待遇享受信息写入
33		离退休资格行政审批	个人直接办理业务时，凭卡及其他相关证明材料申请离退休资格行政审批，并将离退休信息写入
34		异地居住申请	个人凭卡及其他相关证明材料申请办理异地居住登记
35		待遇领取资格认证	个人凭卡及其他相关证明材料办理待遇领取资格认证登记（包括本地、异地）
36	信息记录	养老保险待遇信息记录	记录持卡人养老保险待遇信息
37	自助查询	养老保险及其他养老保障待遇查询	个人持卡查询打印本人养老保险及其他养老保障待遇信息和实发情况
38	缴费和待遇领取	养老保险及其他养老保障待遇领取	养老保险及其他养老保障待遇发放到社保卡加载的银行账户中，个人凭卡经银行渠道领取（包括本地、异地）
		医疗保险待遇业务	
39	电子凭证	挂号	个人持卡在定点医疗机构窗口挂号，通过电话、网上实现预约挂号，通过自助机实现自助挂号、取号等
40		就医服务（诊疗、取药等）	个人持卡在定点医疗机构完成就诊、检查、取药等就医服务流程
41		住院登记	个人持卡在定点医疗机构办理住院登记

续表

序号	分类	应用项目	用卡说明
42	电子凭证	异地就医申请（转诊、转院、异地安置等）	个人凭卡及其他相关证明材料申请办理异地就医登记，并将异地就医登记信息写入
43		门诊统筹申请	个人凭卡及其他相关证明材料申请办理门诊统筹登记，并将门诊统筹信息写入
44		特殊医疗待遇申请	个人凭卡及其他相关证明材料申请办理门诊特殊病、家庭病床、特检特治等多种特殊医疗待遇，并将相关信息写入
45		医疗费用报销申请	个人凭卡及其他相关证明材料申请办理医疗费用零星报销
46	信息记录	医疗保险待遇登记信息记录	记录持卡人医疗保险待遇登记信息
47		医疗交易明细信息记录	记录持卡人医疗交易明细信息
48		医疗保险临时脱网结算信息记录	记录临时脱网状态下持卡人医疗结算信息
49	自助查询	就医购药费用结算记录查询	个人持卡查询本人就医购药费用结算记录信息
50		医疗保险个人账户余额查询	个人持卡查询本人医疗保险个人账户余额信息
51		医疗保险个人账户交易记录查询	个人持卡查询本人医疗保险个人账户交易记录信息
52		定点医疗机构查询变更	个人持卡查询本人定点医疗机构，做变更登记
53	就医结算服务	医疗费用即时结算	个人持卡在定点医疗机构完成医疗费用即时结算（包括本地、异地）
54		药店购药结算	个人持卡在定点零售药店完成购药费用结算
55		商保大病、医疗救助衔接结算	个人持卡在定点医疗机构完成商业大病保险、医疗救助等的一站式结算

续表

序号	分类	应用项目	用卡说明
56	缴费和待遇领取	就医购药结算（现金自付和自费部分）	个人利用社保卡加载的银行账户支付个人自付和自费部分（包括本地、异地）
57		医疗费用报销资金领取	医疗费用报销资金发放到社保卡加载的银行账户中，个人凭卡经银行渠道领取（包括本地、异地）
		工伤保险待遇业务	
58	电子凭证	工伤认定	个人凭卡及其他相关证明材料申请办理工伤认定，并将工伤认定信息写入
59		劳动能力鉴定	个人凭卡及其他相关证明材料申请办理劳动能力鉴定，并将劳动能力鉴定信息写入
60		住院登记	个人持卡在定点医疗机构办理住院登记
61		工伤保险待遇申请	个人凭卡及其他相关证明材料申请工伤保险待遇
62		工伤康复申请	个人凭卡及其他相关证明材料申请办理工伤康复手续
63	信息记录	劳动能力鉴定信息记录	记录持卡人劳动能力鉴定信息
64		工伤认定信息记录	记录持卡人工伤认定信息
65		工伤协议医疗机构信息记录	记录持卡人工伤协议医疗机构信息
66	自助查询	工伤认定信息查询	个人持卡查询本人工伤认定信息
67		劳动能力鉴定信息查询	个人持卡查询本人劳动能力鉴定信息
68		工伤康复信息查询	个人持卡查询本人工伤康复信息、辅助器具配置信息
69		工伤医疗费结算记录查询	个人持卡查询本人工伤医疗费结算记录信息
70	就医结算信息	工伤医疗费即时结算	个人持卡在定点医疗机构完成工伤医疗费即时结算（包括本地、异地）

续表

序号	分类	应用项目	用卡说明
71	缴费和待遇领取	工伤医疗费报销资金领取	工伤医疗费报销资金发放到社保卡加载的银行账户中，个人凭卡经银行渠道领取（包括本地、异地）
72		工伤康复费报销资金领取	工伤康复费报销资金发放到社保卡加载的银行账户中，个人凭卡经银行渠道领取（包括本地、异地）
73		工伤津贴及其他工伤保险待遇领取	工伤津贴及其他工伤保险待遇发放到社保卡加载的银行账户中，个人凭卡经银行渠道领取（包括本地、异地）
失业保险待遇业务			
74	电子凭证	失业保险待遇申请	失业人员凭卡及其他相关证明材料申请失业保险待遇
75		领取失业金人员签到	失业人员在领取失业金期间，按月凭卡办理签到手续
76		职业培训实名登记	个人凭卡到职业培训机构进行实名登记，凭卡接受职业培训、职业介绍服务并享受相关补贴
77	信息记录	失业保险待遇信息记录	记录持卡人失业保险待遇信息
78	自助查询	失业保险待遇信息查询	个人持卡查询本人失业保险待遇信息
79	缴费和待遇领取	失业保险待遇领取	失业金及其他失业保险待遇发放到社保卡加载的银行账户中，个人凭卡经银行渠道领取
生育保险待遇业务			
80	电子凭证	生育保险待遇申请	个人凭卡及其他相关证明材料申请生育保险待遇
81		妊娠登记	个人持卡在定点医疗机构完成妊娠登记
82		住院登记	个人持卡在定点医疗机构办理住院登记
83	信息记录	生育定点医疗机构信息记录	记录持卡人生育定点医疗机构信息

续表

序号	分类	应用项目	用卡说明
84	自助查询	生育保险待遇信息查询	个人持卡查询本人生育保险待遇信息
85		生育医疗费结算记录查询	个人持卡查询本人生育费结算记录信息
86	就医结算服务	生育医疗费即时结算	个人持卡在定点医疗机构完成生育医疗费即时结算（包括本地、异地）
87	缴费和待遇领取	生育医疗费报销资金领取	生育医疗费报销资金发放到社保卡加载的银行账户中，个人凭卡经银行渠道领取（包括本地、异地）
88		生育津贴领取	生育津贴发放到社保卡加载的银行账户中，个人凭卡经银行渠道领取（包括本地、异地）
		人事人才	
89	电子凭证	人事代理	个人凭卡办理人事代理业务
90	自助查询	档案管理查询	个人持卡查询本人人事档案管理信息
91		人才服务查询	个人持卡查询本人可享受的人才服务信息
92		荣誉信息查询	个人持卡查询本人各项荣誉信息
93	缴费和待遇领取	人事人才考试缴费	个人利用社保卡加载的银行账户缴纳各项人事人才考试费
94		人事代理缴费	个人利用社保卡加载的银行账户缴纳人事代理业务费用
		劳动关系	
95	电子凭证	劳动人事争议调解申请	个人凭卡到调解组织申请劳动人事争议调解
96		劳动人事争议仲裁申请	个人凭卡到劳动人事争议仲裁委员会申请劳动人事争议仲裁
97		劳动保障监察投诉	个人凭卡到劳动保障监察机构投诉用人单位侵犯其劳动保障合法权益行为
98		劳动保障监察举报	个人凭卡到劳动保障监察机构实名举报相关组织或者个人违反劳动保障法律法规或者规章的行为

续表

序号	分类	应用项目	用卡说明
99	自助查询	劳动合同信息查询	个人持卡查询本人劳动合同信息
100		调解仲裁信息查询	个人持卡查询本人劳动人事争议调解仲裁案件信息
101		监察案件信息查询	个人持卡查询本人劳动保障监察案件信息
102	缴费和待遇领取	重点行业（企业）农民工工资领取	重点行业（企业）农民工工资发放到社保卡加载的银行账户中，个人凭卡经银行渠道领取

Q5 社保卡今后还能怎么用？

社保卡今后的功能可不只是以上的102项，将社保卡打造成政府各类公共服务的载体，实现一卡多用是长远发展趋势。近年来，社保卡在电子凭证、信息记录、自助查询、就医结算、缴费和待遇领取及金融支付这6类功能方面不断普及，用卡范围不断拓展。在梳理出来的人力与社会保障领域102项用卡典型项目中，全国平均已经开通80%，目前全国超过九成的地市实现医疗费用持卡即时结算，人力资源社会保障部正在稳步推进跨省异地住院费用的即时结算。

越来越多的地区还将民政、卫生计生、公积金、残疾人服务、涉农补贴等服务事项搭载在社保卡上，实现了一卡多用。

很多地方通过社保卡发放各类财政补贴。例如，在宁夏回族自治区中卫市，低保、高龄、草原生态、动物疫病、孤儿津贴、廉租住房、良种补贴、农房改造、伤残抚恤、压沙补贴、农机补贴、医疗救助等22项来自政府的津贴、补贴资金，都统一通过社保卡发放。四川省攀枝花市则通过社保卡发放民政、住建、农牧、林业、扶贫、残联、住房公积金等政府补助资金和涉农资金。广东省已在全省试点通过社保卡发放民政、残联等 12 项补贴。

社保卡在一些地方还与水、电、气、暖等公用事业对接，以方便群众。例如，在湖北省黄冈市和仙桃市、辽宁省大连市等地，居民可持卡缴纳水费、电费、煤气费等。

社保卡也是一张银行卡，是许多农村居民、广大进城务工人员的第一张银行卡。到 2016 年底，全国 29 个省份和新疆生产建设兵团发行了具有金融功能的社保卡，持卡人数达 8.42 亿人，占全国社保卡发行总量的 86.7%。其中，河北、山西、内蒙古、江西、山东、河南、湖南、海南、重庆、贵州、陕西、甘肃、青海、宁夏、新疆 15 个省（自治区、直辖市）的社保卡全部加载了金融功能。

按照人力与社会保障部“互联网＋人社”2020 行动计划，传统以线下应用为主的社保卡还将插上互联网和大数据的翅膀，通过搭建社保卡线上服务平台，对接更多的社会服务渠道，使老百姓通过手机就可以快速完成社保缴费、医保结算等事项，切实解决诸如看病“三长一短”（挂号排长队、就诊排长队、缴费排长队、看病时间短）等生活中的痛点和堵点，通过社保卡为群众“记录一生、保障一生、服务一生”。

Q6 如何通过使用社保卡改进公共服务？

社保卡在设计之初，就是一张开放的卡，希望将社保卡打造成政府各类公共服务的载体，真正成为一张便民卡。民政、卫生计生、公积金、残疾人服务、涉农补贴等服务事项，正越来越多地搭载在社保卡上，实现了一卡多用。2016 年 5 月 13 日，人力资源与社会保障部公开了《关于加强和改进人力资源社会保障领域公共服务的意见》，提出了如何通过使用社保卡改进公共服务的举措。

（1）大力简化证明材料和手续 可通过社保卡获取基础信息的，不要求申请人提供相关证明或填写有关表格。

（2）规范和简化公共服务流程 积极推动社保卡加载就业失业登记信息电子记录；简化社保卡办理流程，缩短申领、补换周期。

（3）推进社保卡应用 2017 年实现社保卡跨地区、跨业务直接办理个人的各项人力资源和社会保障事务，开放向其他公共服务领域的集成应用，基本实现全国社会保障一卡通。2020 年实现持卡人口覆盖率达到 90%。

（4）加快基础信息库建设 2017 年完成部、省两级社保卡持卡人员基础信息库建设，实现基础信息的统一管理和联动共享。

Q7 社保卡的功能可以跨地区使用吗？

随着我国社会保障制度的完善，社保卡“全国通”正在稳步推进。2017 年，根据人社部门的统计，全国已有 311 个地市开通了社保卡的跨地区使用。其中，259 个地市（占 69.6%）已实现医院异地就医即时结算；123 个地市实现异地药店购药结算；106 个地市实现持卡异地诊疗、取药等就医服务；95 个地市实现持卡异地领取养老金。

如果参保者之前在广东工作，现在到北京工作，可以通过社保卡查询到在北京的所有参保记录，但在广东的全部参保信息还需要到广东当地去查询。人力与社会保障部正在推进参保信息的全国联网，未来几年有望取得突破。

全国各地已普遍开通社保卡全流程服务，其中371个地市（占99.7%）开通了社保卡的申领（补换卡）服务和挂失（解挂）服务。参保者如果不小心弄丢了卡，可以前往当地人力与社会保障部门办理，也可以通过合作商业银行网点等渠道办理。

Q8 农民参保的手续和流程都有哪些？

农民养老保险办理手续比较简单，大多数由当地村（居）委负责统一办理，个人提供身份证或户籍证明即可。具体参保手续及流程主要有：符合参保条件的人员提供户口簿、身份证原件及复印件、一寸免冠照片一张，到村（含居委、社区）劳动保障管理服务站提出参保申请，由村负责初审参保资格并填写《农民基本养老保险参保人员公示单》公示1周，无异议的人员填写《农民基本养老保险参保人员基本情况登记表》；参保人员若为现役军人或退伍军人，提供部队出具的从军证明，填写《农民基本养老保险服役士兵政府补助申请表》，报镇（街道）劳动保障管理服务所。

Q9 农民的社保和城镇职工的社保能同时缴费吗？

不能同时缴费。农民的社保和城镇职工的社保虽然本质是一样的，都统称社会保险，但二者是不同的类别。农民的社保是按年缴费的，每年按照国家规定的缴费数额，自己选择缴费标准，属于低缴费、低待遇、自愿缴费，缴满15年即可，不是国家强制性的，主要就是养老保险和农村合作医疗保险。

城镇职工的养老保险是由企业和职工共同缴费，按月缴费，将职工工资作为缴费基数，缴费高则待遇高，是国家强制性的缴费，必须缴纳到退休年龄，主要有城镇职工基本养老保险、城镇职工基本医疗保险、城镇职工生育保险、城镇职工工伤保险、城镇职工失业保险。达到退休年龄时城镇职工社保缴费不满 15 年的，可以选择继续缴费到满 15 年再办理退休，也可以选择转入农保办理退休。

Q10 农民工进城务工应避免的社保缴纳陷阱有哪些？

社保缴纳将关系农民工以后的退休、养老等诸多待遇，然而有些单位以种种理由，停缴或缓缴社保，直接损害了农民工的劳动权益。农民工进城务工常遇见的社保缴纳陷阱主要有以下几种。

陷阱一：单位在员工试用期不缴社保，员工转正后才缴。单位以试用期为由，不为员工缴纳社保，这是不合法的。根据《社会保险法》《住房公积金管理条例》规定，企业必须给职工缴足“五险一金”，即养老保险、医疗保险、失业保险、工伤保险、生育保险和住房公积金。企业与农民工签订合同时，劳动报酬、社会保险等都属于劳动合同的必备条款。《劳动合同法》规定，试用期应包括在劳动合同期中。因此，企业在试用期也必须为员工缴纳社保。

陷阱二：让员工承诺弃缴社保。有些公司在与员工签订劳动合同时要求员工出具一份书面承诺，承诺书中写明：员工自愿放弃该公司为其缴纳社会保险金，公司将社会保险金作为工资的组成部分，直接支付给员工。这是违法且不合理的。据《社会保险法》《劳动合同法》的相关规定，用人单位和劳动者必须依法参加社会保险，缴纳社会保险金。为劳动者参加社会保险并依法缴纳社会保险金是用人单位的法定义务，该项义务不能由用人单位和劳动者通过约定而变更或放弃。

陷阱三：单位仅以基本工资或最低工资标准作基数缴社保。《社会保险法》规定，用人单位缴纳社保费的基数是本单位职工工资总额。职工个人以本人上年度工资收入总额的月平均数作为本年度月缴费基数。社会保险缴费基数有上下限的规定，最低不能低于上年度全市职工月平均工资的 60%（私营企业职工、个体工商户雇工和非本市城镇户口职工不得低于 50%，私营企业法人、股东、个体工商户业主不得低于 100%）；最高不能高于上年度全市职工月平均工资的 300%。各市职工平均工资每年由市统计局公布。

陷阱四：档案没有转移到单位，就无法缴社保。新员工入职，由于人事变动的关系，之前的档案可能没有及时从原来的单位调来，这时有些单位会称因为没有档案所以无法为员工缴纳社保，但档案并不能成为单位缓缴社保的理由。《社会保险法》规定，用人单位应当自用工之日起 30 日内为其职工向社会保险经办机构申请办理社会保险登记。未办理社会保险登记的，由社会保险经办机构核定其应当缴纳的社会保险费。用人单位应当自行申报、按时足额缴纳社会保险费，非因不可抗力等法定事由不得缓缴、减免。由此可见，员工未转档案不能成为用人单位不缴社会保险的理由。

陷阱五：不签合同就不用缴社保。用人单位不能以没有签订劳动合同为由拒绝为员工缴纳社保。《社会保险法》规定，用人单位应当自用工之日起 30 日内为其职工向社会保险经办机构申请办理社会保险登记。

陷阱六：单位用支付现金方式取代缴社保。一些单位不给员工缴纳社保，但是会给员工发一笔社保补助费，用现金代替社保缴纳。《社会保险费征缴暂行条例》规定，缴费单位和缴费个人应当以货币形式全额缴纳社会保险费。缴费个人应当缴纳的社会保险费，由所在单位从其本人工资中代扣代缴。因而，用人单位和个人不得私下就社保费进行约定，用人单位支付现金、员工个人自行办理社保缴纳的做法是不可取的。

Q11 我国人均养老待遇有多高?

人力资源和社会保障部在《我国社会保险事业改革发展成就举世瞩目》一文中透露以下信息。

在养老保险方面，经过连续调整，2016 年底城乡居民月人均养老金达到 117 元，其中月人均基础养老金达到 105 元。全国企业退休人员月人均基本养老金从 2012 年的 1 686 元提高到 2016 年的 2 362 元。

在医疗保险方面，2016 年职工医疗保险和居民医疗保险基金最高支付限额分别为当地职工年平均工资和当地居民年人均可支配收入的 6 倍，在政策范围内住院费用基金支付比例分别达到 80% 和 70% 左右。

在失业保险方面，2016 年全国月平均失业保险金水平达到 1 051 元，比 2012 年（686 元）增加 365 元，年均增长 13.3%。

在工伤保险方面，2016 年因工死亡职工的一次性工亡补助金标准达到 62.4 万元，比 2012 年（43.6 万元）增加了 18.8 万元，年均增长 10.78%。

在生育保险方面，2016 年生育保险待遇水平达到 15 385 元，比 2012 年（11 287 元）增加了 4 098 元，年均增长 9.08%。

Q12 如何查询社保卡余额?

查询社保卡余额的几种常见方法如下。

①登录当地的人力资源和社会保障局网站或者社保卡服务平台，找到“个人社保查询”或者“社保卡余额查询”相关的工具，按要求输入查询条件，即可网上查询社保卡余额。

②持卡在各社保服务网点的自助终端机电子触摸屏上自助查询。

③携带自己的有效身份证、社保卡，到当地社保中心营业大厅，找相关工作人员进行查询。

④拨打“当地区号 ＋ 12333”即社保中心统一查询电话进行查询。

⑤当持社保卡去药店刷卡买药时，也可以直接查询到社保卡内的余额。

Q13 社保卡被锁定了应怎样解锁?

社保卡由于包含两个账户，因而分为医疗账户密码和金融账户密码。医疗账户密码用于办理社会保障业务及其他社会公共业务，金融账户密码用于办理银行相关的金融业务。持卡人激活社保卡时应修改设置医疗账户密码与金融账户密码，不允许使用初始密码（123456）进行应用。

持卡人可到人力资源与社会保障局指定的社保卡服务网点办理或使用服务网点提供的自助服务终端进行医疗账户密码的修改。

金融账户密码可由持卡人在该卡服务银行网点办理或使用各银行提供的自助服务方式修改。

持卡人在使用个人医疗账户资金或者查询个人医疗账户余额时，若连续 10 次输入错误密码，社保卡将被锁卡。锁卡后，持卡人应当持本人社保卡、身份证原件和复印件到市人力资源与社会保障局指定的社保卡服务网点进行解锁。金融账户的锁定及解除锁定按服务银行有关要求执行。

Q14 社保卡与医保卡有哪些区别？

社保卡和医保卡需要从其本身具有的功能和用途来区别。社保是由医保演变而来，社保包含医保，医保是社保的前身。因此，社保卡与医保卡的区别主要有以下几点。

（1）储存的信息不同　医保卡是医疗保险个人账户专用卡，以个人身份证为识别码，储存记载着个人身份证号码、姓名、性别以及账户金的拨付、消费情况等详细资料信息。医保卡由当地指定代理银行承办，是银行多功能借记卡的一种。参保单位缴费后，医疗保险事业处（以下简称医保处）在月底将个人账户部分委托银行拨付到参保人个人的医保卡上。社保卡卡面和卡内均记载持卡人姓名、性别、公民身份证号码等基本信息，卡内标识了持卡人的个人状态（就业、失业、退休等），可以记录持卡人社会保险缴费情况、养老保险个人账户信息、医疗保险个人账户信息、职业资格和技能、就业经历、工伤及职业病伤残程度等。社保卡是劳动者在劳动保障领域办事的电子凭证。

（2）功能不同　医保卡为磁条卡，仅用于医保机构就医、看病，只记录了医疗信息，将逐渐被更换为社保卡。社保卡是一张集成电路（IC）卡，社保卡具有信息存储、电子凭证和信息查询三大功能，持卡人可以凭卡就医，进行医疗保险个人账户结算；可以凭卡办理养老保险事务；可以凭卡到相关部门办理求职登记和失业登记手续，申领失业保险金，申请参加就业培训；可以凭卡申请劳动能力鉴定和申领享受工伤保险待遇等。此外，社保卡还是握在劳动者手中开启与系统联络之门的钥匙，凭借这把钥匙，持卡人可以上网查询信息，将来还可以在网上办理有关劳动和社会保障事务。

（3）安全性能不同　社保卡采取了全国统一的三层密钥管理体系，其安全性高。医保卡没有这种管理体系，它的安全系数较低。

附　录

北京市通州区 2017 年度新型农村合作医疗制度管理办法实施细则

为保证整合期间本区新型农村合作医疗（以下简称“新农合”）工作的顺利实施，根据北京市人力资源和社会保障局和北京市财政局《关于做好 2017 年新型农村合作医疗工作的通知》（京人社农合发〔2016〕220 号）和《通州区新型农村合作医疗制度管理办法》（通政发〔2012〕18 号）精神，结合本区实际，制定本实施细则。

参保缴费

第一条　参保范围：

（一）具有本区农业户籍且未参加城镇职工基本医疗保险的农村居民；

（二）由农业户籍转为非农业户籍，且未参加城镇居民基本医疗保险的 16 周岁以下居民；

（三）父母一方已参加当年新农合的新出生非农业户籍婴

幼儿。

第二条 以自愿且不重复参保为原则，避免财政重复补助、个人重复缴费。

第三条 以家庭为单位参保。村委会负责代办参保手续并收取个人缴费；乡镇社保所负责办理参保登记、资格审核、发放合作医疗证等相关手续。

合作医疗证损坏或遗失的，凭村委会证明及户主的身份证或户口簿，到本乡镇社保所进行补办。

第四条 2017 年新农合筹资标准为每人每年 1 200 元，其中，个人缴费 160 元；乡镇财政补助 305 元；市、区财政补助 735 元。

农村低保户的个人缴费由区、乡镇两级财政各负担 50%；优抚人员和低收入特困人员的个人缴费，由区民政局代为缴纳；低收入农户和去世离休干部无工作配偶人员个人缴费由区财政负担。

第五条 乡镇社保所于 2016 年 12 月 25 日前完成新农合参保人员的系统录入工作，于 2017 年 1 月 31 日前完成个人筹资上缴工作；乡镇财政补助资金于 3 月 31 日前到位；市、区政府补助资金于 4 月 20 日前到位；未在规定时间内参保缴费的，当年不再办理参保缴费手续。

第六条 符合当年参保条件的新生儿，自出生之日至 3 个月内参保缴费的，自出生之日起享受新农合报销待遇，享受待遇时间至当年的 12 月 31 日。未在规定时间内办理参保手续的，不再办理当年的参保缴费手续。

定点医疗机构管理

第七条 纳入报销范围的定点医疗机构：

（一）区属定点医疗机构。三级：首都医科大学附属潞河医院、北京中医药大学东直门医院东区；二级：妇幼保健院、新华医院、老年病医院、中西医结合医院、263 部队医院；一级：乡镇社区卫生服务中心（乡镇卫生院）、结核病防治所、精神病医院、京通医院；一级以下：新农合定点的 47 家社区卫生服务站。

（二）非区属北京市基本医疗保险定点医疗机构。

（三）外省市基本医疗保险定点医疗机构。

第八条 各定点医疗机构应依据国家有关法律、法规为参保人员提供医疗服务，制定符合本细则的相应管理制度，为参保人员就医提供方便。要安排一名院级领导负责新农合业务，建立相应管理机构，并配备专（兼）职管理人员（二级及以上定点医疗机构应设专职人员），与区新农合办公室共同做好服务管理工作。

第九条 具备直报条件的定点医疗机构必须推行住院及门诊网络直报，方便参保人员看病报销。

第十条 各定点医疗机构在诊疗过程中应严格执行首诊负责制，做到因病施治、合理检查、合理用药、合理治疗、合理收费，不断提高医疗服务质量，为参保人员服务。

第十一条 参保人员就诊时，各定点医疗机构应认真进行身份和证件识别，确保实名制就医。

第十二条 对于违反新农合规定的医疗费用，区新农合办公室按规定予以追回。

报销范围

第十三条 新农合基金报销范围：

（一）药费、人工器官的报销范围：参照《北京市基本医疗保险药品目录》《北京市基本医疗保险费用支付范围及标准》规定的范围和标准执行。

（二）住院床位费报销范围：一级医疗机构每床日 16 元，二级医疗机构每床日 20 元，三级医疗机构每床日 24 元。实际收费低于上述标准的，按实收床位费计入可报销费用总额中。

（三）住院手术费、治疗费、抢救费报销范围：参照《合订本》规定的范围和标准执行。实际收费低于上述标准的，按实际收费计入可报销费用总额中。

（四）住院材料费参照《北京市基本医疗保险费用支付范围及标准》，单价（项）费用在 500 元（不含）以上的，按总费用的 50% 计入可报销费用总额中。

（五）住院化验费、检查费、监护费参照《北京市基本医疗保险费用支付范围及标准》和《合订本》规定的内容，按可报销总费用的 90% 计入可报销费用总额中。

（六）住院发生的理疗费、接生费计入治疗费；超声、放射、心电图、核磁、CT、窥镜计入检查费；病理计入化验费；介入治疗的治疗费和材料费分别参照治疗费和材料费标准报销。

（七）诊疗费、护理费：按照一级医疗机构每人每天 5 元、二级医疗机构每人每天 6 元、三级医疗机构每人每天 7 元的标准计入可报销费用总额中。

（八）特殊病门诊报销范围：恶性肿瘤放（化）疗、肾透析、肝移植、肾移植、心脏移植、肺移植、肝肾联合移植后服用抗排异药物、再生障碍性贫血、血友病医药费，按《北京市基本医疗保险费用支付范围及标准》和《合订本》规定的内容报销。

（九）十七类重大疾病住院报销范围：

1. 恶性肿瘤。

患者因恶性肿瘤进行放（化）疗、手术治疗及支持治疗的。

2. 终末期肾病（肾透析）。

确诊为终末期肾病，住院期间进行肾透析治疗的。终末期肾病住院未进行透析治疗的不纳入重大疾病范围。

3. 重性精神病。

符合《北京市重性精神疾病信息报告管理办法》明确的十三种重性精神疾病诊断，并在定点精神病院住院治疗的。

4. I 型糖尿病。

诊断明确住院治疗的。

5. 先天性心脏病。

诊断明确住院治疗的。

6. 白血病。

诊断明确住院治疗的。

7. 血友病。

诊断明确住院治疗的。

8. 再生障碍性贫血。

诊断明确住院治疗的。

9. 重大器官移植。

器官源、组织源、取材费、运输费、配型费及与供体有关的费用不予报销。

10. 耐多药肺结核。

经结防部门或结核病专科医疗机构诊断明确并收入定点专科病医疗机构住院治疗的。

11. 艾滋病机会性感染。

因艾滋病导致机体抵抗力降低，继发各种细菌、病毒、真菌、原虫等感染住院治疗的。

12. 急性心肌梗塞。

诊断明确的急性心肌梗塞住院治疗的。陈旧性心肌梗塞不纳入重大疾病范围。

13. 脑梗死。

脑梗死急性发作，伴有神志不清或昏迷住院治疗的。陈旧性脑梗死、脑梗死后遗症、脑梗死恢复期治疗及腔隙性脑梗死不纳入重大疾病范围。

14. 甲亢（甲亢危象）。

诊断明确甲亢危象住院治疗的。

15. 唇腭裂。

诊断明确住院手术治疗的。单纯唇裂、手术后后期矫形、矫治术不纳入重大疾病范围。

16. 儿童苯丙酮尿症。

诊断明确的儿童苯丙酮尿症。

17. 儿童尿道下裂。

诊断明确的儿童尿道下裂。

第十四条 十七类重大疾病按照医生开具诊断证明的第一诊断及住院病历首页（或出院小结）的主要诊断为依据。如诊断证明与住院病历主要诊断不符的，以住院病历主要诊断为主。

第十五条 门诊费用中的材料费、治疗费、理疗费、化验费、检查费、放射费、手术费、抢救费、监护费按住院标准审核报销；输血费按 50% 比例计入可报销费用总额中；北京市基本医疗保险药品目录中规定部分自付的药品，个人负担 10%，其余 90% 计入可报销费用总额中。

第十六条 新农合不予报销的医疗费用：

（一）按现行《北京市基本医疗保险药品目录》和《北京市基本医疗保险诊疗项目目录》及《北京市基本医疗保险服务设施目录》不予报销的医疗项目、药品、残疾辅助器具、救护车等费用及其他费用。

（二）打架、斗殴、酗酒、自伤、自杀 、吸毒、违章作业、工伤、美容、接种疫苗、试管婴儿、网络成瘾症、医疗事故、与供体有关等原因发生的医疗费用。

（三）有责任人（方）负责的意外伤害、交通事故等原因发生的医药费用。

（四）在境外、香港、澳门、台湾地区发生的医药费用。

（五）不能提供统一、规范的医疗机构医药费报销票据，未按规定取得相关报销凭证的医疗费用。

（六）有挂名不住院或冒名顶替住院等欺诈行为发生的医疗费用。

（七）因计划生育手术住院发生的医药费用按有关规定执行。

报销标准

第十七条 报销标准：

（一）门（急）诊：

区属一级及以下定点医疗机构起付标准为 100 元，超过起付标准部分，报销 45%；区属二级定点医疗机构起付标准为 550 元，超过起付标准部分，报销 40%；非区属一、二级医疗机构门诊费用不予报销，北京市定点三级医疗机构均按区属二级标准执行。

门（急）诊费用在一个参保年度内累计报销上限为 3000 元。

（二）住院：

区属一级医疗机构起付标准为 300 元，超过起付标准部分，报销 80%；区属二级医疗机构起付标准为 1 000 元，超过起付标准部分，分段进行报销，即 1 000 元（不含）以上至 5 000 元，报销 55%；5 000 元（不含）以上至 30 000 元，报销 60%；30 000 元（不含）以上部分，报销 65%。

非区属医疗机构起付标准统一为 1 300 元。转诊至非区属三级定点医疗机构且手续齐全的，1 300 元（不含）以上至 30 000 元，报销 45%；30 000 元（不含）以上部分，报销 50%；转诊手续不齐全或无转诊手续的，1 300 元（不含）以上至 30 000 元，报销 35%；30 000 元（不含）以上部分，报销 40%。

对于十七类重大疾病：区属一级定点医疗机构起付标准为 300 元，超过起付标准以上部分，报销 80%；区属二级定点医疗机构起付标准为 1 000 元，超过起付标准部分，报销 75%；非区属三级定点医疗机构起付标准为 1 300 元，超过起付标准部分，报销 75%；未在新农合定点医疗机构住院的重大疾病患者，1 300 元（不含）以上至 30 000 元，报销 35%；30 000 元（不含）以上部分，报销 40%。

对于学生儿童：区属一级定点医疗机构起付标准为 300 元，超过起付标准部分，报销 80%；区属二级、三级定点医疗机构起付标准为 650 元，超过起付标准部分，报销 70%；非区属定点医疗机构按区属二级标准报销。其中，患有白血病、先天性心脏病的参保儿童按照北京市卫生局、北京市人力资源和社会保障局、北京市民政局、北京市财政局《关于对学生儿童患白血病、先天性心脏病试点病种实行按病种付费有关问题的通知》（京卫基层字〔2011〕12号）执行。

首都医科大学附属潞河医院、北京中医药大学东直门医院东区按区属二级标准报销。

住院费用在一个参保年度内累计报销上限为20万元。

第十八条 因病情需要转诊至非区属本市定点三级医疗机构就医的，需由区属二级及以上医疗机构副主任医师及以上职称的医生或科主任开具转诊证明，并到转诊医疗机构的医保办公室登记、备案、盖章。

第十九条 住院病人出院需带药的，带药量不超过1周，超量带药发生的费用自行负担。即时结报定点医疗机构给出院病人超量带药的，超出费用不予支付。

第二十条 在北京中医药大学东直门医院东区、中西结合医院住院的，各费用段报销比例较其他二级定点医疗机构提高5个百分点。

第二十一条 医事服务费报销按照《北京市卫生局关于将医事服务费纳入新型农村合作医疗基金报销范围的通知》（京卫基层字〔2012〕12号）执行。

第二十二条 参保人员因患卵巢良性囊肿、阑尾炎、甲状腺肿、拇外翻在区属二级定点医疗机构住院手术治疗的，按照《通州区新型农村合作医疗单病种付费管理实施方案》（通合医管办〔2013〕4号）执行；在区属三级定点医疗机构住院手术治疗的，按照《通州区新型农村合作医疗单病种付费管理实施方案》（通合医管办〔2015〕3号）执行。

第二十三条 参保人员因患特种病进行门诊治疗的，需持《通州区新型农村合作医疗特殊病种申报审批单》，到选定的区属二级及以上或非区属三级定点医疗机构开具诊断证明，经乡镇社保所和区新农合办公室分别审批后，在本人选定的定点医疗机构发生的特殊病门诊费用，按住院标准报销。

第二十四条 参保人员进行特殊病门诊治疗的，按每个参保年度为一个结算周期。当年办理特殊病审批的，自审批之日至 12 月 31 日为一个结算周期。

参保人员患恶性肿瘤后，未进行门诊放（化）疗而单纯服用药物辅助治疗的，不纳入特殊病门诊报销范围，按普通门诊报销。

第二十五条 当年在同一级别定点医疗机构住院的，报销过程中只扣除一次起付线；在不同级别定点医疗机构住院的，分别扣除相应起付线。

待遇审核

第二十六条 本年度参保人员享受新农合待遇时间为 2017 年 1 月 1 日至 12 月 31 日。

第二十七条 参保人员在直报（随诊随报和出院即报）定点医疗机构就医诊疗时，必须按规定出示本人居民健康卡或合作医疗证，结算时与定点医疗机构现金结清自付、自费费用，属于新农合报销部分由定点医疗机构向区新农合办公室申报结算。

第二十八条 在定点医疗机构就诊不能即时报销时，由参保人员先行全额垫付医疗费用。由村委会新农合代办人员在规定时间内，统一收集报销凭证后上交到所在乡镇社保所进行初审（包括就医费用核查）。初审合格的由乡镇社保所上交至区新农合办公室进行复审，复审通过的医疗费用由区新农合办公室拨付至相关乡镇社保所或通过指定银行拨付给个人；拨付至乡镇社保所的，由社保所发放给个人。

第二十九条 医疗费用报销周期统一为60天。2017年12月31日为结算本年度报销周期的终止日期，超过终止日期30天未申报费用者，视为自动放弃报销。

第三十条 手工报销凭证：

门（急）诊报销，需提供合作医疗证、北京市门诊收费专用收据（原件）、门诊费用清单或处方。

住院报销，需提供合作医疗证、北京市住院收费专用收据、住院费用清单、住院病历首页复印件和出院小结、诊断证明。非区属定点医疗机构按规定另附转诊证明。参加商业医疗保险的人员，需持新农合报销分割单到保险公司申请报销。

特殊病门诊报销，需提供合作医疗证、北京市门诊收费专用收据（原件）、门诊费用清单或处方、诊断证明。

基金管理

第三十一条 为进一步增强新农合基金抗风险能力，区政府与中国人民健康保险股份有限公司北京分公司和中国人民财产保险股份有限公司北京市分公司合作，以共保联办的形式共同承担新农合相关服务管理工作。《通州区新型农村合作医疗共保联办合作协议》另行拟定。

第三十二条 新农合基金在社会保障基金财政专户储存，专款专用，不得挪作他用。

第三十三条 风险金和大病保险资金的提取与管理，根据

《北京市卫生和计划生育委员会、北京市财政局、北京市民政局关于做好新型农村合作医疗大病保险工作的通知》(京卫基层字〔2014〕8号)精神进行提取。风险金规模应保持在年筹资总额的10%,大病保险资金按照标准筹资的5%划拨。上述两项资金纳入财政专户管理,实行分账核算,专款专用。

第三十四条 符合城乡居民大病保险支付范围的医疗费用,按照《通州区新型农村合作医疗大病保险实施方案》(通合医管办〔2014〕3号)规定执行。

第三十五条 新农合基金采取以收定支原则。如各乡镇支大于收,以乡镇为单位,超支总额的80%由乡镇财政负担,20%由新农合基金予以支付。如新农合基金不足以承担超支费用,不足部分提交区政府研究后由区财政负担。

第三十六条 参保人员到区属一级及以下定点医疗机构门诊就医时,必须持本人合作医疗证或居民健康卡,方可享受免挂号费。免收的挂号费,由免收医疗机构负担。

第三十七条 居民健康卡按照相关管理办法执行。

第三十八条 本实施细则适用于2017年1月1日至2017年12月31日参保年度,当年参保,当年受益。本细则执行中的具体问题由区新型农村合作医疗制度管理委员会办公室负责解释。《2016年度通州区新型农村合作医疗制度管理办法实施细则》(通合医管办〔2015〕5号)同时废止。

参考文献

[1] 钟涨宝. 中国农村社会养老保障问题研究 [M]. 北京：中国社会科学出版社，2017.

[2] 王振军. 农村社会保障体系建设研究——以甘肃为例 [M]. 北京：经济科学出版社，2014.

[3] 谢冰. 贫困与保障——贫困视角下的中西部民族地区农村社会保障研究 [M]. 北京：商务印书馆，2013.

[4] 周秋光，王猛. 中国农村社会保障的理论与实践 [M]. 北京：中国社会出版社，2011.

[5] 黄维民. 完善我国西部农村少数民族社会保障的战略考量 [M]. 北京：中国社会科学出版社，2014.

[6] 殷允杰. 我国农村社会保障问题研究 [M]. 北京：经济管理出版社，2012.

[7] 朱合理，谢冰. 新型民族地区农村社会保障研究 [M]. 武汉：湖北人民出版社，2012.

[8] 孔云梅. 新时期农村社会保障体系研究 [M]. 北京：中国水利水电出版社，2017.

[9] 吴雯雯，蒋翠珍. 欠发达地区新型农村合作医疗制度：困境. 诱因与机制设计 [M]. 北京：经济科学出版社，2015.

[10] 李立清. 新型农村合作医疗制度 [M]. 北京：人民出版社，2009.

[11] 叶金国. 我国的新型农村合作医疗制度研究 [M]. 北京：社会科学出版社，2011.

[12] 于德志. 新型农村合作医疗制度 [M]. 北京：人民卫生出版社，2013.

[13] 秦立建，李孟刚. 新型农村合作医疗制度建设实证研究 [M]. 北京：经济科学出版社，2012.

[14] 房莉杰. 新型农村合作医疗制度信任的形成过程 [M]. 北京：社会科学文献出版社，2014.

[15] 赵秋成. 中国农村养老服务体系建设研究 [M]. 北京：清华大学出版社，2016.

[16] 李莹. 新型农村社会养老保险基金运营管理研究 [M]. 北京：知识产权出版社，2017.